KB022756

코칭수업 이야기

코칭수업 이야기

코칭수업연구회 지음

참여하고 소통하고
더불어 성장하는
수업을 위하여

Humanist

영화 〈동주〉를 보았다. 시를 통해 만났던 윤동주보다 영화 속 동주가
훨씬 비장해 보였다. "별을 노래하는 마음으로 모든 죽어 가는 것을 사
랑"하고자 한 시인 윤동주에게 '별'은 무엇이었을까?

　교사의 길을 가기로 선택한 나에게 별은 막연히 '좋은 교사'가 되는
것이었다. 그러나 그것을 지향하면 할수록 나를 짓누르는 현실의 무게
는 커져만 갔다.

　지금의 나에게 '별'은 학생들이 좋은 삶을 살아갈 수 있는 힘을 갖게
하는 것이다. 그렇다면 '모든 죽어 가는 것'은 무엇일까? 절대 권력처럼
버티고 있는 입시와 치열한 경쟁, 그 속에서 배움이 갖는 의미를 찾지
못하고 생명력을 잃어 가는 학생들과 교육 현장이라 할 수 있다. 이렇
게 '별'과 '죽어 가는 것'의 의미를 규정한다면 '사랑'에 대한 다짐은 오
롯이 학생들 입장에 서서, 학생들에게 도움이 되는 좋은 수업을 하려는
노력이 된다. 즉, '살아 있는 수업'을 만드는 것이다.

"제가 그린 것은 날개입니다. 어린 시절 저는 팔을 부지런히 돌리면 날 수 있다고 생각하고 팔이 아프도록 파닥거리며 다녔습니다."

"○○에게 묻고 싶은 것이 있나요?"

"그렇게 이상한 짓을 하고 다닐 때 사람들은 뭐라고 했나요?"

"다른 것은 기억나지 않고 어머니께서 너무 높이 올라가다 떨어지면 아프니까 조금만 날아가라고 말씀하셨습니다."

"하하하……."

"어린 시절 기억나는 한 순간을 담은 그림에도 이렇게 특별한 추억이 있구나. 그 추억을 말하고 나니까 기분이 어때요?"

"기분이…… 좋기도 하고 약간 찡하기도 하고……. 오호! 알겠어요. 이제 글을 구체적으로 쓸 수 있을 것 같아요. 감이 와요."

이날의 학습 목표는 '표현의 구체화'였다. 교사는 학생들에게 말할 기회를 주는 것을 중요하게 생각했다. 유년 시절을 회상하여 구체적인 장면으로 만드는 과정에서 학생은 팔을 돌리면 날 수 있을 거라 생각했던 기억과 어머니의 말씀을 떠올렸다. 그 장면을 기억하며 삶에 대한 감수성을 높이고, 그것을 자신의 말로 정리하는 구체적인 표현이 더해지며 글이 완성되었다. 교사가 생각한 학습 목표가 학생들의 말을 통해 살아 있는 수업이 된 것이다.

살아 있는 수업을 만들겠다는 각오만으로 좋은 수업을 만들지는 못한다. 좋은 수업을 실행할 수 있는 구체적인 방안이 필요하다. 하지만 모든 것을 혼자서 하기는 힘들다. 그래서 한두 사람씩 모이기 시작했다. 교사라면 누구나 공감할 수 있는 무거운 짐을 어깨에 짊어지고 그래도 살아 있는 수업을 통해 교사로서의 존재 이유를 찾고자 했던 선생님들이 모여 '코칭수업연구회'를 만들었다. 연구회를 만들자고 모인 것은 아니었다. 서로의 수업 고민을 나누고 디딤돌이 될 만한 무언가를 찾다 보니 자연스레 만들어진 것이다. 교사로서 각자의 실행력을 높이기 위해 우리가 찾은 명제는 '참여'와 '소통', 그리고 '깨달음'이었다. '참여'는 학생들이 스스로 움직여야 진정한 배움을 경험할 수 있다는 측면에서, '소통'은 배움을 나눌 수 있어야 배움이 확장되고 상승한다는 측면에서 의미 있게 다루었다. 또한 지금의 배움이 왜 필요한지에 대한 자각과 자신의 삶을 가꾸는 밑거름으로서의 성찰을 '깨달음'이라 하고, 수업에서 어떻게 깨달음을 경험하게 할 것인가를 화두로 삼았다. 세 가지 명제를 수업에 수없이 적용하며 검증했고 그 과정을 정리했다. 정리의 과정은 다음과 같다.

코칭(Coaching)수업의 관점에서 수업을 설계하려면, 코칭수업의 철학이 무엇이고, 그것이 어떤 방식으로 수업을 변화시키는지에 대한 이해가 우선되어야 한다. 그래서 책의 서두는 코칭 철학을 이해하는 것으로 시작해서 교육 코칭을 이론적으로 정리하는 것으로 갈무리했다. '코칭수업 적용하기'에서는 우리의 대화를 그대로 담는 모양새를 따랐다. 교사들이 수업을 걱정할 때 많이 하는 얘기는 두 가지이다.

"그 고민이 왜 그렇게 중요한가요?"
"그러면 그 고민을 어떻게 해결할까요?"

우리는 그 고민들을 다음 세 가지 유형으로 분류했다.

어떻게 학생들을 수업에 참여하게 할까? (참여)

어떻게 서로 의지하며 자신의 배움을 나누고 확인하게 할까? (소통)

어떻게 수업 목표를 학생의 삶과 연결하고, 학생들이 그 목표에 다가가게 할까? (깨달음)

흔히 수업을 구상할 때 가장 먼저 하는 고민은 학생들의 '참여'이다. 그러나 수업의 궁극적인 가치를 고려하여 이 책의 3장은 '소통 - 참여 - 깨달음'으로 구성했다. 또한 각 과정은 '질문 - 고민 - 나눔 - 열린 매듭'으로 틀을 만들었다.

내용을 풀어내는 방식은 대화체를 선택했다. 이는 매주 우리의 공부 모임을 통해 효과가 검증되었기 때문이다. 우리는 각자의 수업을 구체적으로 검토하고 함께 고민하고 격려하고 고쳐 가면서 좋은 수업의 정점에 다가가기 위해 노력했다.

이 책에 등장하는 '나 선생님'과 '유 선생님'은 '나 중심(Me - centered)'에서 '너 중심(You - centered)'으로 생각을 전환한다는 코칭 철학을 바탕으로 만들었다. 늘 자신의 수업을 담금질하듯이 성찰하고자 했던 숱한 우리의 동료를 '나(me) 선생님'으로, 우리의 슬기가 모여 다듬어진 모습은 '유(You) 선생님'으로 했다.

이 책에 쓰인 '구조'라는 단어는 코칭수업 철학의 중요한 고민을 반영한 것이다. '구조'는 생태적 환경과 같은 역할을 한다. 암스테르담 공항 남자 화장실의 소변기에 파리를 그려 넣어 오줌이 밖으로 튀지 않도록 한 아이디어는 재미있으면서도 실용적인 실천 구조를 만든 사례로 유명하다. 수업도 이처럼 저절로, 쉽고 재미있게, 그리고 도전감을 유지할 수 있는 환경을 만드는 것이 중요하다.

이 책을 읽는 독자는 우리와 함께 수업을 고민하는 동료 교사일 것이다. 그러기에 우리의 성찰과 노력이 과장 없이 성실했음을 알아줄 것이라고 생각한다. 다만, 4장을 따로 만든 이유는 충천한 실천 욕구를 실행 가능한 작은 계획으로 뒷받침해 주기 위해서이다. 10년 전 지금의 동료들과 나눈 고민은 '수업을 몇 번 꺾을까요?' 같은 매우 단순한 질문이었다. 그래서 수업 사례 또한 다소 유치하게 느껴질 만큼 생생한 경험들의 모음이다. 비록 유치하고 세련되지 못한 것일지라도 '왜'와 '어떻게'가 얼마나 중요한 역할을 하는지를 생각하면 하나하나의 내용에 대한 소심한 자부심을 감출 수 없다. 이제 우리는 수업 설계도를 소단원마다 적용하며 수업을 계획하고 실행하는 것도 부담스럽지 않게 되었다.

'살아 있는 수업'이 되기 위해서는 수업을 통해 삶의 소중한 가치를 경험하게 하고 그것이 학생들 낱낱의 삶에 잘 들어맞도록 도와야 한다. 이제 우리가 꿈꾸었던 수업을 위해 고군분투한 흔적과 소박한 결과물을 더 넓은 공동체를 향해 열어 놓는다. 부디 각자의 좋은 수업에 유용한 디딤돌이 되기를 바란다.

아울러 이 책이 우리 공부에 온갖 정성을 기울여 주신 정경화 선생님과 새로운 눈으로 우리의 삶과 이웃한 사람들을 바라볼 수 있도록 이정표를 마련해 주신 박창규 교수님께 보답의 의미가 되었으면 한다.

2017년 1월
코칭수업연구회

차 례

1장

코칭수업
바탕 다지기

내가 만나는 학생들에게
가슴 설레는 소망과 호기심을 품다

1

코칭수업의 철학

"유 선생님, 코칭수업은 수업을 코치해 주는 건가요? 그럼 저도 좀 해 주세요."

나 선생님은 '코칭수업'이라는 말을 처음 들었을 때 그것이 자신의 수업을 치료해 주는 처방약 같은 것이라고 생각했다. 유 선생님과의 인연으로 코칭수업의 세계에 첫발을 디디게 되었지만, 나 선생님의 짐작과는 달리 유 선생님은 수업을 평가하지도 답을 주지도 않았다.

"나 선생님, 올해 교직 생활 10년차 접어든다고 하셨죠? 늘 최선을 다하시는 모습 볼 때마다 좋은 후배이자 동료가 옆에 있다는 생각에 든든했어요. 그런데 선생님이 요즘 바쁘게 뛰어다니며 공을 들인 일들에 대해 자주 허탈해하는 모습을 보면서 10년 전 제 모습이 떠오르더라고요. 그 시기에 저도 교사로서의 제 삶을 사랑하려고 많이 노력했어요. 한창 커 나가는 아이들을 보살피고 가르치는 소명을 받았다고 생각하면서 고단하지만 신명나게 일했지요. 또 이 일을 제대로 해내지 못하면 내 삶은 그냥 아이들의 시간을 훔치는 것이 되고 말 거라는 절박함도 있었어요. 그런데 시간이 갈수록 내가 수업하는 것과 학생들이 배워 가는 것 사이에 점점 더 틈이 벌어지고, 그것을 극복하기에는 내 힘이 너무 미약하다는 생각이 들면서 교사로서의 삶이 부담스러워지기 시작했어요. 그러다 보니 교직 10년째 접어들면서는 내가 하는 일에 대한 기쁨과 보람이 전혀 느껴지지 않는 거예요. 어린 자식들을 집에 두고 열심히 연수도 받으러 다니고, 다른 선생님들의 수업 성공담을 들으며 나를 채찍질해 봐도 마음 밑바닥에 깔린 회의와 학생들에 대한 부담감이 해결되지 않았어요. 그때 제가 선택한 방법은 '나를 관대하게 내버려 두자'는 거였어요. 요즘 말로, 격렬하게 아무것도 하고 싶지 않았어요. 아이들이 학교에 늦게 오거나 아침 자습 시간에 떠들어도 그냥 빙긋이 웃어 주었지요."

"아이들에게도 관대해지셨군요."

"관대해졌다기보다는 아이들에게 적당히 거리를 두고 무책임해진 거죠. 숙제를 안 해 와도 '다음엔 꼭 해 오면 좋겠는데.' 하며 웃고 지나가고, 문제 행동을 하는 아이들을 상담할 때도 경우의 수를 설명하고 '네 삶은 네가 선택하는 거야.' 하고 물러나고, 아이들이 단합대회 명목으로 놀아 달라고 조르면 '너희들이 계획 세우고 내 도움이 꼭 필요한 것만 얘기해. 그건 도와줄게.'라고 말하곤 했지요."

"그게 뭐가 무책임한 거예요? 부모나 선생님은 아이들과 적당히 거리를 두는 게 오히려 좋은 거 아닌가요?"

"솔직히 말하면, 고민을 멈춘 것을 감출 만큼만 성실했지요. 여하튼 아이들을 잘 만난 건지 그해 학교생활은 매우 평화로웠고, 심지어 나를 좋아한다는 반응도 다른 때보다 많았어요. 그리고 체육대회나 단합대회 같은 학급 일도 아이들이 어찌나 잘 꾸려 가는지, 신기할 정도였지요."

"아이들이 그렇게 알아서 잘해 주면 그보다 좋은 일이 없죠. 그래서 선생님의 슬럼프는 극복되셨나요?"

"슬럼프를 극복하게 된 것은 그 아이들을 떠나보낸 후였어요. 처음에는 지난 9년의 노력이 다 헛수고인 것 같은 자괴감과 앞으로 어떤 교사의 모습으로 살아가야 하는지에 대한 혼란이 더 컸어요. '올해는 운이 좋아 무던한 아이들을 만났다고 치고, 만약 까다로운 아이들을 만났을 때 나는 어떻게 대처해야 할까?' 이런 걱정을 하다 보니 교사로서의 자존감이 바닥을 쳤지요."

'뭘 그렇게 골치 아프게 생각하셨지?' 나 선생님은 유 선생님을 온전히 이해하기 어려웠지만, 10년차 교사가 지독한 슬럼프를 어떻게 극복했는지가 더욱 궁금해졌다.

"그 다음 1년을 보내며 저는 교직 초반의 에너지를 회복했어요. 그 시간을 휴식 시간으로 보내자고 스스로 결심했거든요. 그랬더니 지난 1년의 의미가 명료하게 정리되더라고요. 첫째는 교사가 건강해야 학생들에게 좋은 기운을 줄 수 있다는 것, 두 번째는 '지식을 주는 자'에서 '성장을 돕는 자'로 교사의 역할을 정리하니 아이들과의 인연이 훨씬 편안하게 느껴졌어요. 그때 제 손을 잡아 준 것이 바로 '교육 코칭'이었지요."

코칭은 상대방과 마주할 때 '나 중심(Me-centered)'에서 '너 중심(You-centered)'으로 생각을 전환하는 것이다. 요즘 '학생 중심 교육'이 새롭게 조명을 받고 있지만, 교육의 본래 기능을 생각한다면 '교사가 무엇을 가르쳤느냐'보다는 '학생이 무엇을 배웠느냐'가 논의의 초점이 되는 것이 마땅한 일이다.

'코칭(Coaching)'은 티칭(Teaching)과는 구별되는 개념이다. '티칭'이 교사가 중심이 되어 일방향으로 지식을 전달하고 학생들이 교사의 학습 과정에 자신을 맞추어야 하는 것이라면, '코칭'은 교육의 시작점과 도착점이 모두 학생에게 맞추어져 있다. 운동 코치, 학습 코치, 연기 코치 등 다양한 분야에서 사용되고 있는 '코치(Coach)'라는 용어는 원래 '마차'를 뜻하는 말이었다. 정해진 위치를 오가는 대중교통과는 달리 택시같이 손님이 있는 곳으로 찾아가 손님이 원하는 곳으로 데려다주는 구실을 하는 마차 또는 마부가 코치인 것이다.

따라서 '코칭(Coaching)'의 관점으로 가르치려 할 때는 학생 개개인의 욕구를 중심으로 접근해야 한다. 그래서 코칭에서는 자신의 욕구와 현재 상태를 파악하고 스스로 목표를 설정한 후 현재와 목표 사이의 차이(gap)를 줄이며 잠재 능력을 개발하도록 돕는다. 이와 같은 교육 코칭의 철학을 학교 수업과 연결한 것이 '코칭수업'이다. 따라서 코칭수업은 교육 철학과 학교 수업 현장에 적용할 수 있는 구체적인 방

---

1 한국교육코칭센터에서는 교육 코칭을 '학생 개개인이 자신의 잠재 능력을 발견하여 스스로 지속적으로 성장할 수 있도록 돕는 대화의 기법 및 과정'이라고 정의하며, 일본 청소년육성협회에서는 교육 코칭을 '지도하는 어른이 청소년들과의 만남의 순간에 코치가 됨으로써 청소년들이 가지고 있는 경이적인 의욕과 능력을 이끌어 내고 활성화시켜 성장할 수 있도록 돕는 커뮤니케이션'이라고 정의한다.

법론의 범주에 있다.

그런데 이 매력적인 교육 철학 앞에서 교사들이 미로에 빠지게 되는 것은 왜일까? 그 이유를 정리하면 다음과 같다.

첫째, 교실 수업은 코칭 철학을 반영하기에는 학생 수가 너무 많다.
둘째, 교과서로 구현된 교육과정은 학생의 잠재 능력과 연결하기가 참으로 어렵다.
셋째, 학생들의 배움과 성장을 가늠하기에 지금의 평가 방식은 너무 단순하고 협소하다.

이렇게 분명하고 구체적으로 존재하는 어려움을 교사 개인의 노력으로 이겨 내기란 쉽지 않다. 때로는 이것이 결코 넘을 수 없는 높고 견고한 절망의 벽으로 느껴지기도 한다. 그러나 높은 산에 올라가 내려다보면, 현실에 매몰되어 살아가는 우리의 좁은 시야가 우리를 필요 이상으로 힘들고 두렵게 만들었음을 깨닫게 되지 않던가. 우리는 여기서 어려운 교육 현실을 극복하기 위한 두 가지 단서를 발견할 수 있다. 하나는 관점을 달리해서 보는 것이고, 다른 하나는 너무 두려워하지 말고 작은 것부터 하나씩 시작해 보는 것이다.

코칭수업에서는 다음과 같은 네 가지 관점이 필요하다.

첫째, '사람은 다양하다'는 당연한 생각을 교육 철학의 근간으로 삼는 것이다. 아이들을 가르쳐 보면 저마다 배우는 속도가 조금씩 다르다. 빨리 배우는 아이, 천천히 배우는 아이, 논리적인 것을 잘 배우는 좌뇌형, 전체적인 그림을 금방 파악하는 우뇌형 등이 있다. 또 배울 때 주로 사용하는 감각도 조금씩 달라서 시각형, 청각형, 체각형, 언어형

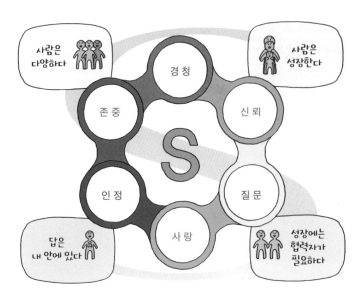

코칭수업의 철학

등 각자 잘 익히는 방식도 다르다. 그래서 수업을 설계하고 수업 자료를 만들 때에는 가능하면 여러 유형을 고려할 필요가 있다.[2]

둘째, '사람은 성장한다'는 믿음으로 학생을 바라보는 것이다. 1년 동안 담임을 하다 보면 아이들은 대개 1년 내내 비슷한 모습으로 있다가 다음 학년으로 올라간다. 말썽꾸러기나 지각대장이 갑자기 모범생으로 돌변하는 경우는 드물다. 그런데 그런 아이들이 졸업을 한 후 어느 날 훤칠한 청년이 되어 나타날 때, 교사들은 겨우겨우 버티며 견뎠던 그 시간들이 아이들에게는 성장을 위한 통과의례였다는 것을 깨닫게 된다.

---

2 230쪽 '학습자 유형 파악하기' 참고

"우리 아이들은 성장이 더 느린 편이죠. 하지만 손톱이 자라는게 눈에 보이지 않지만 이삼 주가 지나면 어느새 깎아야 할 만큼 자라 있듯이, 우리 아이들도 그렇게 날마다 자라고 있다고 생각해요."

초등학교에서 특수학급 아이들을 가르치는 어느 선생님의 말처럼, 믿음을 가지고 아이들을 조금 더 멀리 내다보려는 노력이 필요하다.

셋째, '답은 내 안에 있다'는 믿음이다. 교사는 학생에게 '정답과 같은 지식을 전달해야 한다'는 생각을 내려놓고, 아이들이 스스로 배우고 자신을 교정할 수 있는 존재임을 인정하려고 노력해야 한다. 골프 황제 타이거 우즈의 코치로 유명했던 '부치 하먼(Butch Harmon)'의 코칭 방식은 그런 면에서 중요한 시사점을 준다.

부치 하먼이 어느 날 기자에게서 이런 질문을 받았다.

"당신은 어떻게 타이거 우즈의 코치가 되었나요? 타이거보다 골프를 잘치는 것도 아닌데요."

"맞습니다. 제가 우즈랑 상대해서 이길 수 있는 것은 아무것도 없습니다. 드라이버도, 아이언도, 어프로치도, 퍼팅도, 심지어 정신력도, 뭐 하나 나은 게 없습니다."

그리고 그는 말을 이었다.

"하지만 나에겐 질문하는 능력이 있습니다."

그는 다음과 같이 타이거 우즈를 코치했다고 한다.

"타이거, 이번에 도전할 브리티시 오픈의 코스가 어떻다고 생각하나?"

"페어웨이가 상당히 좁고 러프가 깊어요. 공이 러프에 들어가면 안 되니까 확실하게 페어웨이를 지켜야겠죠."

"페어웨이를 지키기 위해 자네가 생각하고 있는 전략을 알려 주겠나?"

"평소처럼 높이 올려서 멀리 날리는 샷이 아니라 각도를 낮춰서 확실하게 페어웨이를 지키려고요."

"그렇군. 그러면 스윙을 할 때는 몸의 어느 부분을 가장 의식해야 한다고 생각하나?"

"역시 허리죠. 허리를 깊고 길게 돌리지 않고 흔들림 없는 궤도로 얕고 짧게 돌리는 것이 가장 중요하다고 생각해요."

"그렇군. 그러면 연습이나 준비를 할 때 어디에 중점을 두겠나?"

"흔들림 없이 허리를 돌리려면 고관절을 부드럽게 할 필요가 있어요."

"좋아, 그럼 그렇게 연습을 해 보자고."

— 스즈키 요시유키, 《자기대화력》에서

교사는 정답을 알려 주는 사람이 아니라 학생들이 이미 배우고 익힌 지식을 활용하여 스스로 답을 찾아내도록 질문하는 사람이 되어야 한다. 그래서 코칭수업에서는 질문하는 자로서의 교사 역할이 매우 중요하게 다루어진다.

넷째 관점은 '성장에는 협력자가 필요하다'는 것이다. 우리는 여기서 교사의 정체성을 새롭게 정의하게 된다. '협력자'는 '경청하는 자, 신뢰를 주는 자, 애정을 가지고 존중하는 자, 관찰해 주는 자, 학습자가 새롭게 배워야 하는 지점을 알고 질문해 주는 자' 등의 의미로 구체화될 수 있다.

교육은 학교에서만 이루어지는 것이 아니다. 따라서 아이의 성장을 돕는 존재는 누구나 협력자가 된다. 부모, 형제, 친구, 운동 코치, 동네 어른들, 도서관, 박물관, 가게 주인, 버스 기사 등 모두가 아이의 성장에 필요한 협력자들이다. 노자는 도덕경에서 다음과 같이 말했다.

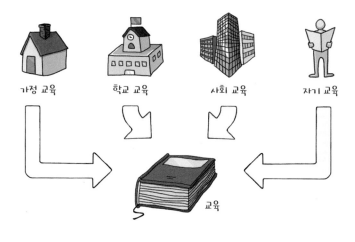

가정 교육   학교 교육   사회 교육   자기 교육

교육

교육의 다양한 범주

배움의 싹이 틀 때 그것을 거들어 주는 교사는 학생들로 하여금 그들이 진작부터 알고 있던 것을 스스로 찾아낼 수 있도록 돕는다. 그가 일을 다 마쳤을 때 학생들은 말한다. "야, 대단하다. 내가 이걸 해냈어!"

일 년에 몇 번만이라도 "선생님과 함께 수업을 하면서 저는 제가 뭔가 배우고 성장하는 느낌이 들어서 좋았어요. 이 수업을 하면서 제가 대단하다고 느껴졌어요."라는 말을 듣는다면 우리는 우리의 일에 충분히 자부심을 가져도 되지 않을까. 코칭수업은 바로 이렇게 성장의 디딤돌이 되는 수업을 지향한다.

이 네 가지 관점(철학)을 반영하여 수업을 설계하고자 하는 것이 코칭수업이다. 그중 두 번째 철학인 '성장'은 코칭수업의 목표이기도 하다. 그런데 코칭수업에서 생각하는 '성장'은 지식의 양으로 측정하는 것이 아니라 앞에 나온 '코칭수업의 철학' 그림에서와 같이 가운데

S(True-Self)가 바깥의 큰 S(Future-Self)로 나아가는 것을 의미한다. 이 것은 배움을 통해 진정한 자기 자신을 찾아가는 과정을 의미한다. 바깥의 S는 성장이 지속되어 자신의 잠재 능력을 마음껏 펼치며 살아가는 미래의 자기 자신이라는 의미를 담고 있다. 또한 바깥의 공간은 수업이 일어나는 물리적 공간이면서 동시에 서로 마음을 열고 신뢰하고 지지하는 심리적인 공간이기도 하다.

교사가 자신이 하는 일, 자신이 만나는 학생들에 대해 가슴 설레는 소망과 호기심을 품지 않는다면 그 영향을 받고 자라는 아이들 역시 가슴 뛰는 배움을 경험하기 어렵다. 코칭수업연구회의 교사들 중에는 교사가 된 지 10년이 넘어도 화살처럼 날아오는 일들에 원숙해지지 못하고 정신없이 하루하루를 지내다 에너지가 소진돼 버린다고 말하는 교사들이 있다. 학생들도 다람쥐 쳇바퀴 도는 것 같은 생활을 하면서 자신을 돌볼 겨를 없이 바쁘게 공부하거나, 불확실한 미래를 담보로 지금 누려야 할 배움과 성장의 기쁨을 뒤로한 채 숫자로 드러나는 성적 외에는 어떤 감흥도 느끼지 못하며 지내고 있다.

그래서 코칭수업에서는 다음 그림에서처럼 '무엇'과 '어떻게'보다 '왜'를 중심에 놓고 고민을 한다. 예를 들어, 통계 단원을 배운다고 가정해 보자. 우리가 통계를 배우는 이유는 대중의 생각을 읽어 내고 예측해서 더 나은 선택을 하기 위함이다. 이처럼 통계를 왜 배우는지를 중요하게 생각한다면 통계를 통해 세상을 이해하는 수업을 계획할 수 있을 것이다.[3]

---

3 중학교 1학년도 창업 계획을 세울 수 있고, 창업을 위한 사전 조사로 어떤 표본 조사가 필요하며, 그런 과정을 거쳐 수집된 자료를 통계 내고 그 의미를 분석해 내는 활동을 수행할 수 있다.

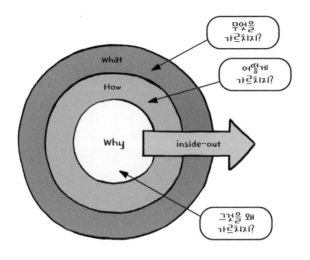

'왜'에서부터 출발하기 — 골든 서클[4]

"선생님, 코칭수업이 마치 수업의 만능 해결사 같네요?"

나 선생님은 코칭수업의 철학이 실제 자신의 수업에서 얼마나 구현
될 수 있을지 여전히 의구심이 들었다. 그런 나 선생님의 마음을 읽은
유 선생님이 말을 이었다.

"지난 학기에 제가 선생님과 코칭수업에 대해 이야기하면서 가장 중요하
게 생각한 것은 선생님과 함께 느끼고 고민하는 것이었어요. 코칭수업은
수업 모형과 결과물이 정답처럼 존재하는 수업이 아니에요. 선생님과 함
께 수업을 고민하면서 제가 가장 많이 했던 질문 기억나세요?"

4 사이먼 사이넥,《나는 왜 이 일을 하는가?》, 타임비즈, 2013

"음…… '이걸 왜 가르쳐야 할까요?'와 '선생님은 어떻게 생각하세요?'였던 것 같아요. 선생님이 제 고민과 관련된 강점을 계속 관찰해서 수업과 연결해 주셨고, 보완할 점을 해결할 수 있는 구체적인 방법을 찾아 다시 검토해 보자고 하셨죠."

나 선생님은 그동안 유 선생님과 나누었던 대화를 떠올려 보았다. 새로운 아이디어를 내고 적용하느라 부담도 되었지만, 그 과정을 거치면서 점점 더 자신감을 갖게 되었다는 느낌이 들었다.

"맞아요, 선생님. 누구나 자신에게 맞는 옷을 입어야 움직임이 편하잖아요. 아무리 이상적인 이야기를 들어도 내 수업에 내 방식으로 녹여내는 노력이 없으면 늘 남의 옷을 입은 것처럼 어색한 모습일 수밖에 없지요. 우리가 코칭수업을 통해 추구하는 가치는 아름다운 지향점일 뿐이에요. 하지만 사막에 북극성이 없으면 결국 길을 잃거나 원점으로 돌아오듯이, 내 마음에 지향점을 갖고 있지 않으면 방향을 잃고 멀리 표류하게 되지요. 그런 의미에서 선생님이 이것을 정리해 보면 좋겠어요."

유 선생님이 서류철에서 그림이 그려진 종이 한 장을 꺼내셨다.
그림 속에는 '내가 바라는 수업'을 중심에 넣고, '내가 지향하는 네 개의 핵심 과제'를 적도록 되어 있었다. 한참 동안 그림을 물끄러미 바라보던 나 선생님은 1정 연수 때 어떤 교수가 존 테일러 게토가 쓴 《바보 만들기》를 추천해 주시며 한 말이 떠올랐다.

오직 소수의 사람들만이 스스로 생각할 줄 알게 되고, 자유를 얻었습니

내가 지향하는 교육

다. 이제 여러분은 1급 정교사가 되었으니 다른 사람의 신념만을 따르지 말고, 교육의 본질과 교사의 역할에 대해 스스로 깊이 생각하는 사람이 되시기 바랍니다. 훌륭한 선생님이 되는 첫 번째 조건은 자기 힘으로 생각할 줄 아는 사람이 되는 것입니다.

나 선생님은 이제 교육의 기초부터 스스로 다시 생각해야 할 때가

되었다고 깊이 생각하였다. 그래서 부족하더라도 지금부터 시작해야겠다는 마음으로 유 선생님이 건네준 그림의 빈칸에 자신의 생각을 정리해 보았다.

교사
'지금'을 의미 있고 재미있다고
느낄 수 있도록 도와주는 자

학생
밝고 건강하고
용감한 사람

내가
바라는 수업?
◦ 쉽고 재미있게
◦ 도전과 성장의 기쁨을 맛보게

좋은 수업
◦ 경험을 통한 깨달음
◦ 배운 내용을 공유하며
자신의 삶에 적용하기

내 교과
정보에 대한
능동적인 탐색력 갖추기

나 선생님이 바라는 수업

수업을 고민하시는 선생님께

● 아래에 자신이 생각하는 바를 간단히 적어 보세요. 이 책을 읽는 동안 마음의 지표를 정하고 성찰하는 데 꼭 필요합니다.

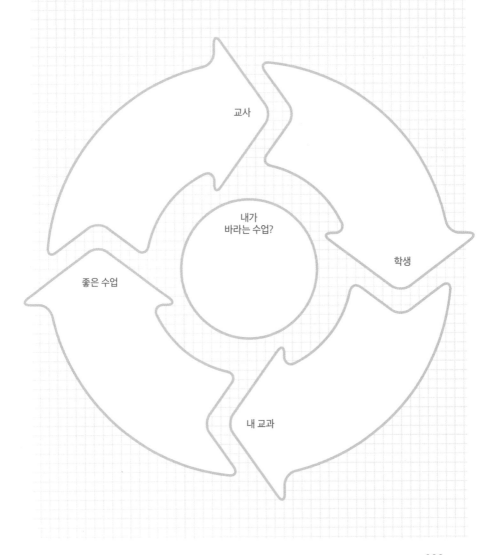

2

임파워링 코칭

종례 시간이 한참 지나서야 자리로 돌아온 나 선생님은 어깨를 축 늘 어뜨리고 한숨을 쉬었다. 유 선생님이 그 모습을 보고 말을 걸었다.

"선생님, 무슨 일 있어요?" ◁◁◀ 래포(rapport) 형성
"저희 반 아이가 자퇴를 하겠다고 해서 달래는 중인데, 이미 결정을 하고 통보를 하는 상태여서 마음을 돌리기가 쉽지 않아요."
"그랬군요. 많이 놀라고 당황스러웠겠어요. 지금 선생님 마음은 어때요?"
"그냥 좀 멍해요. 이런 일이 처음이라서 이럴 때 담임으로서 어떻게 대처 해야 할지 잘 모르겠어요. 그 애 얘기를 들어 보면 상황이 이해가 되긴 하 는데, 그래도 나중에 사회에 나가 후회할 수도 있으니까 제가 더 적극적 으로 설득하고 막아야 할 것 같기도 하고……. 선생님, 제가 어떻게 해야

할까요?"

"마음이 복잡하겠네요."

"네. 선생님, 저 좀 도와주세요."

"그러면 전에 말씀드렸던 코칭 한번 해 보실래요?" ◁◁◁ **코칭 대화로 초대**

"코칭요? 한번 해 볼게요."

"그러면 선생님이 가장 편안하게 이야기할 수 있는 장소를 생각해 보세요. 여기도 좋고, 운동장이나 산책로도 좋고요." ◁◁◁ **클리어링(clearing) : 본격적인 코칭 대화를 시작하기 전, 상대방의 의식을 지금 현재로 불러오는 동시에 상대방의 상태를 확인해서 방해가 되는 요소들을 찾아 제거함**

"지금 여기도 괜찮아요."

"네. 그러면 이야기를 시작하기 전에 먼저 한 가지 말씀드릴 게 있어요. 지금부터 우리가 나누는 대화에 대해서는 코치로서 반드시 비밀을 지킬 것을 약속드려요. 그러니까 편안한 마음으로 이야기하시면 돼요." ◁◁◁ **국제 코치연맹(ICF)이 정한 전문 코치의 윤리적 행동 규정에 따른 비밀 보장의 원칙**

"네, 선생님."

"시간은 30분에서 40분 정도가 걸릴 것 같아요. 준비되셨으면 시작해 볼까요?"

"네."

"오늘 어떤 이야기를 나누고 싶으세요?" ◁◁◁ **주제 확인**

"음, 그러니까…… 저희 반 아이가 자퇴를 하겠다고 통보하는 상황에서 담임으로서 어떻게 하는 게 가장 현명한 건지 모르겠어요."

"네, 담임으로서 현명한 대처 방법을 알고 싶으시군요. 그러면 선생님이 담임으로서 아주 현명하게 대처해서 이 일이 어떻게 마무리되기를 바라세요?" ◁◁◁ **목표 설정**

"음, 담임으로서 아주 현명하게 대처해서…… 그럼 그 아이가 마음을 돌려서 다시 학교를 잘 다니거나, 아니면 자퇴를 하더라도 제 마음속에 담임으로서 제가 뭔가 할 일을 다 하지 못했다는 찜찜한 마음이 없이, 이게 최선이었다는 확신을 갖고 마무리가 되었으면 좋겠어요."

"네, 그러시군요. 그러면 오늘 대화가 끝났을 때 선생님이 얻고 싶은 것을 다시 한 번 정리해 보시겠어요?" ◁◁◀ **목표 재확인**

"음…… 제가 스스로 '그래, 이게 최선이야!' 이런 확신을 가지고 마무리할 수 있으면 좋겠어요."

"그렇군요. 그 원하는 상태를 조금 더 구체적으로 표현해 볼 수 있을까요?" ◁◁◀ **목표 구체화**

"그냥, 이 일에서 매 순간 최선을 다하기! 왜냐하면 매 순간 최선을 다하면 결과도 최선이 될 것 같아요."

"네, 이 일에서 매 순간 최선을 다하기. 여기에 초점을 맞춰서 대화를 진행하면 될까요?" ◁◁◀ **목표 합의**

"네."

"이번 일을 최선을 다해 잘 마무리하는 것이 선생님에게는 왜 그렇게 중요한가요?" ◁◁◀ **의미 확장**

"왜 중요하냐면…… 학교를 자퇴하는 일은 그 아이의 일생을 좌우할 수도 있는 일인데, 제가 담임으로서 뭔가 역할을 잘 못해서 그 아이의 인생에 큰 불행이나 후회를 남기게 되면 두고두고 제 자신을 탓하게 될 것 같아요. 그러면 교사로서 다른 일에도 좀 자신이 없어지고, 마음 한편이 늘 무거울 것 같아요."

"그렇게 생각하시는군요. 그런데 선생님은 '자퇴'가 어떤 의미로 느껴지세요?" ◁◁◀ **관점 확인**

"자퇴는…… 위험하고 부정적으로 느껴져요. 자퇴는 보통 아이들이 생각하기 어려운 일이고, 자퇴 뒤에 그 아이를 받아 줄 안전장치 같은 게 거의 없잖아요. 그러니까 아무리 힘들어도 학교에 있는 게 낫지, 자퇴를 하고 나면 그 뒤에 어떤 상황이 펼쳐질지 예측할 수가 없어서 걱정이 돼요."

"네. 그러시군요. 혹시 자퇴를 조금 다른 시각으로 바라본다면 어떻게 볼 수 있을까요?" ◁◁◀ 관점 전환

"조금 다르게 바라본다면…… 전에 알파고와 이세돌 9단이 대결할 때 보니까 이세돌 9단은 학교를 중퇴하고 바둑만 했다고 하더라고요. 그때 좀 다른 느낌이 들긴 했어요. 빌 게이츠도 하버드 중퇴했다고 했고, 스티브 잡스도 대학교 중퇴였던 것 같아요. 서태지도 고등학교 자퇴했고요. 그런데 그런 사람들은 뭔가 확실한 재능이 있거나 확고한 신념이 있어서 그런 거잖아요. 저희 반 아이도 나름 자기 생각이 있긴 한데, 제가 보기에는 그게 불확실하고 믿음이 안 가는 거죠."

"네, 그러시군요. 그런데 초등학교부터 대학원까지 어느 단계에나 여러 가지 이유로 자퇴를 하는 학생들이 있잖아요. 선생님이 어떤 이유로 자퇴를 결심했다고 한번 가정해 보시겠어요? 그리고 자퇴에 대해서 어떤 느낌이 드는지 가만히 한번 느껴 보세요." ◁◁◀ 관점 전환 : 주관적 몰입

"음…… 생각해 보니까 저도 대학생 때 자퇴는 아니지만 휴학을 하고 싶었던 적이 있었어요. 그런데 그럴 용기나 확신이 없었고, 그냥 이대로 지내다가 졸업하고 교사가 되는 게 가장 안전한 길인 것 같아서 그러지 못했지요. 만약 그때 제가 좀 더 적극적으로 다른 길을 찾아볼 용기가 있었다면, 지금 저는 교사가 아닌 다른 일을 하고 있을 거고, 그 길에서도 지금처럼 열심히 일하고 있을 거라는 생각이 들어요."

"네, 그렇군요. 선생님이 대학생이 아닌 고등학생이나 중학생 때 그런 결

심을 하게 되었다면 어떨까요?" ◁◁◀ 관점 전환 : 주관적 몰입

"그건 훨씬 더 큰 결심일 것 같아요. 더 어린 나이에 제가 자퇴를 하겠다고 결심을 한다면 그건 아마 그럴 만한 이유나 확신이 있어서일 것 같고, 후회를 해도 어쩔 수 없다는 것까지 감수하고 있을 것 같아요. 남들이 다 반대하는 길을 나 혼자 가게 될 거라는 두려움, 그래도 나는 나의 길을 찾아가겠다는 자기 확신 사이에서 많이 고민했을 것 같아요. 그러다가 어느 순간 결심을 했겠죠."

"네, 그랬을 것 같아요. 그러면 선생님, 지금은 자퇴에 대해서 어떻게 느껴지세요?" ◁◁◀ 관점 전환

"자퇴에 대해서보다는 그 아이에 대해서 조금 더 공감이 되고, 그 아이의 선택을 존중해야겠다는 마음이 들어요. 아직 어리지만, 어쩌면 어리석은 결정일 수도 있지만, 그 아이 나름대로 많은 고민 끝에 그런 결정을 했으리라는 생각이 들어요. 그리고 그런 아이들의 선택을 존중하고 지원해 줄 사회 안전망이 없는 게 문제지, 그런 아이들의 생각이나 선택 자체가 문제는 아니라는 생각이 드네요."

"네, 그 두 가지가 분리되어 생각되시는군요. 아주 중요한 성찰이시네요. 그 생각을 바탕으로 매 순간 최선을 다한다면 선생님은 앞으로 어떤 교사가 되실까요?" ◁◁◀ 의미 확장 : 존재

"자퇴 자체에 너무 민감하게 반응하지 않고, 아이에게 좀 더 집중할 것 같아요. 왜 그런 결정을 하게 되었는지, 어떤 계획을 가지고 있는지, 그것을 학교에서 병행하거나 보완할 방법이 있는지, 훨씬 더 이성적으로 대화하면서 아이를 진심으로 존중하려고 노력할 것 같아요."

"그런 교사를 어떤 사람이라고 표현할 수 있을까요?" ◁◁◀ 의미 확장 : 존재 정체성

"음…… 성숙한 교사? 문제 자체보다는 사람을 더 깊게 바라보는 교사?"

"와! 마음을 울리는 표현이네요. 문제 자체보다는 사람을 더 깊게 바라보는 교사. 그런 교사로서 이 일에 매 순간 최선을 다하기 위해 선생님은 지금부터 무엇을 해 보시겠어요?" ◁◁◀ 대안 탐색 1

"지금부터…… 그 아이와 다시 좀 더 이야기를 나눠 봐야겠어요. 오늘은 제가 그 아이를 거의 일방적으로 설득하려고만 했지, 그 아이가 왜 그런 결심을 하게 됐는지 제대로 듣지를 않았어요. 그래서 약간 미안한 마음이 있어요."

"네, 아주 좋은 출발점이네요. 또 어떤 것을 해 보시겠어요?" ◁◁◀ 대안 탐색 2

"그 아이와 부모님과 같이, 학교에 남을 수 있는 방법과 자퇴를 한다면 자퇴 후에 그 아이를 위한 최선의 방법이 무엇일지 열린 마음으로 검토해 보고 싶어요. 그래서 어떤 결정을 하더라도 그것이 최선이라는 점을 모두가 동의할 수 있게요."

"네, 아주 중요한 과정이네요. 혹시 선생님이 무한한 능력을 가져서 무엇이든지 다 할 수 있다면, 그때는 무엇을 해 보시겠어요?" ◁◁◀ 대안 탐색 3 : 와일드 옵션(Wild option) 또는 기적 질문

"그러면 그 아이가 가려는 분야에서 자퇴한 경험이 있는 훌륭한 멘토를 찾아서 좋은 길잡이가 되게 연결해 주고 싶어요."

"와, 선생님의 깊은 관심과 배려가 느껴지네요. 정말 필요한 일 같아요. 그러면 이제 이것들을 어떻게 실천해 보시겠어요?" ◁◁◀ 실행 계획

"이따가 그 아이한테 문자를 보내서 다시 이야기할 시간을 정하고, 그 아이에게 두 가지 가능성에 대해 열린 마음으로 같이 검토해서 최선의 결정을 하자고 얘기를 해야겠어요. 그리고 그 과정에 아이의 길잡이가 되어 줄 멘토도 같이 찾아보고요."

"아주 중립적이면서도 훌륭한 계획이네요. 이렇게 하면 선생님이 스스로

매 순간 최선을 다했다는 확신을 가질 수 있을까요?" ◁◁◀ 실행 계획 : 목표 달성 가

능성 확인

"네. 그럴 것 같아요."

"선생님이 이것을 잘 실천하고 계신지 스스로 어떻게 점검하시겠어요?"

◁◁◀ 실행 계획 : 자기 점검

"이 일을 잘 처리하지 않으면 제가 평생 양심의 짐을 지고 살아야 하니까,

그러지 않기 위해서 제 스스로 최선을 다할 것 같아요."

"그렇군요. 이제 대화를 마무리해야 할 것 같은데, 오늘 대화에서 선생님

이 새롭게 알아차리거나 인식한 것이 있다면 말씀해 보시겠어요?" ◁◁◀ 마무

리 : 자기 성찰

"음…… 제가 자퇴 자체에 대해서 너무 부정적인 인식을 가지고 있다는

것을 알게 됐어요. 그게 한편으로는 현실적이지만, 그런 선택조차도 큰

문제가 안 되도록 우리가 더 성숙하고 다양한 사회 안전망을 만드는 게

중요하다는 생각이 들었어요. 그리고 아이가 제 눈에는 비록 어리더라도

그 선택을 하기까지 나름 많은 고민과 큰 결심을 했으리라는 점을 존중하

면서 중립적으로 대화할 필요가 있다는 점도 오늘 저에게 중요한 깨달음

이었어요."

"네, 선생님의 진정 어린 태도와 깊이 있는 성찰을 통해서 저도 같이 배우

게 되네요. 선생님이 자퇴에 대한 인식을 새롭게 하시고, 문제보다는 아

이를 더 깊게 바라보는 교사가 되신 것을 축하드려요. 오늘 계획하신 일

들 잘 실천하셔서 이 일이 잘 마무리되기를 바랄게요. 그리고 선생님이

앞으로 아이들에게 더욱더 깊고 큰 영향력을 가진 교사가 되시리라 믿으

면서 저도 옆에서 늘 응원할게요. 그럼, 오늘 코칭은 여기서 마치기로 하

지요. 수고 많으셨어요." ◁◁◀ 마무리 : 인정과 축하, 격려와 응원

"선생님, 오늘 정말 감사해요. 왠지 눈물이 날 것 같아요. 이 일로 너무 스트레스를 받았는데 이제 어떻게 해야 할지 알 것 같아요. 선생님 말씀이 저에게 큰 힘이 됐어요. 정말 감사해요."

유 선생님은 빙긋 웃으며 눈시울이 약간 붉어진 나 선생님에게 휴지를 건네주었다. 잠시 후 마음이 진정되자 나 선생님은 다시 호기심을 반짝이며 유 선생님에게 질문을 했다.

"그런데 선생님은 어떻게 그렇게 대화를 잘하세요? 사람 마음을 잘 끌어내시는 것 같아요. 무슨 비결이 있으세요?"
"비결이 있기는 있지요. 궁금하세요?"
"네! 어떤 순서가 있는 것 같기는 한데, 마치 뭐에 홀린 듯이 제가 생각지도 못한 대답을 술술 하고 있어서 좀 신기했어요."
"그게 코칭 대화의 비밀이죠. 그리고 배우고 싶은 사람은 누구나 배울 수 있다는 게 또 하나의 비밀이고요."
"선생님, 그럼 저도 배울 수 있나요?"
"당연하죠!"
"음…… 선생님! 도대체 코칭이 뭐예요?"
"선생님이 궁금해하시니, 제가 비밀의 문을 살짝 열어서 코칭이 뭔지 간단히 설명해 드릴게요."

코칭이란 사람들 안에 있는 잠재 능력을 개발해 사람을 성장시키는 방법이다. '코치(Coach)'라는 용어는 15세기 헝가리의 도시 코치(Kocs)에서 개발된 '네 마리 말이 끄는 마차(kocsi)'에서 유래되었다. 현대적

임파워링 코칭 프로세스

인 의미의 인재 개발 기법으로 정착된 것은 1970년대 티모시 골웨이
(Timothy Gallway)가 '이너 게임(Inner Game)' 방식으로 사람들 내면의
잠재력을 끌어내면서부터이다. 1980년대 존 휘트모어(John Whitmore)
가 이너 게임의 원리를 비즈니스와 접목하여 유럽에 소개했고, 1990년
대 미국의 재무설계사였던 토마스 레너드(Thomas Leonard)가 고객들
의 재무설계를 돕다가 적절한 질문을 던지면 고객들이 스스로 해결책
을 찾아낸다는 사실을 깨닫고 코칭 전문 훈련기관을 설립하면서부터
'전문 코치'라는 직업이 생겨나기 시작했다. 우리나라에서는 2003년에
한국코치협회가 설립되었다.

　유 선생님은 코칭에 매력을 느끼고 2004년부터 본격적인 코칭 교
육을 받기 시작했다. 그동안 다양한 코칭, 리더십 프로그램을 경험했는

데, 그중에서 가장 큰 영향을 받은 것이 '임파워링 코칭' 프로그램이었다. 그 프로그램을 만든 사람은 우리나라 최초의 국제인증 마스터 코치(MCC)인 박창규 교수인데, 교사 한 명이 코치가 되면 수천 명의 학생에게 영향을 줄 수 있다는 믿음으로 전국의 교사들에게 재능 기부를 했다. 또한 그 과정에서 코치로서 훌륭한 삶의 본보기가 되어 주었다.

임파워링 코칭(Empowering Coaching)은 우리 안에 있는 잠재 능력에 물을 주어 우리의 가능성을 최대로 발휘하게 돕는다는 뜻을 담고 있다. 기존에 소개된 코칭 프로그램들은 외국의 비즈니스 코칭을 바탕으로 문제 해결에 좀 더 초점을 두었다. 그런데 임파워링 코칭은 코칭 본래의 역할에 초점을 두어, 사람에게 집중하며 그 사람이 자신의 잠재 능력을 사용해 스스로 해결책에 접근하도록 돕는다. 이를 위해 코칭의 전체 과정에서 자신의 내적 성찰 능력을 많이 활용하며, 문제에 대한 의미를 스스로 이해하고 확장하여 그 문제를 해결할 수 있는 정체성을 갖게 한다. 왜냐하면 사람은 자신이 가진 정체성을 바탕으로 생각하고 행동을 선택하기 때문이다. 특히 고객이 우주의 유일하고 고유한 존재로서 자신만의 관점을 가지고 있으며, 스스로 가장 좋은 대안을 선택할 수 있는 자원을 가진 존재임을 인정하고 존중하는 임파워링 코칭의 철학을 실천하는 과정에서 코치들에게 끊임없이 자신의 에고(Ego)를 성찰하고 비우는 과정이 요구되기 때문에 종교의 유무를 떠나서 일상 속의 훌륭한 영성 훈련 방법이 되기도 한다.

코치들에게 가장 요구되는 자세는 'You-centered(상대방 중심)'이다. 티칭(Teaching)이 내가 생각하는 답을 상대방에게 가르쳐 주는 'Me-centered(나 중심)' 방식이라면, 코칭(Coaching)은 겸손하게 상대방의 의견을 묻고 경청한다. 왜냐하면 나에게 최선인 방법이 상대방에게도 최선일 수는 없기 때문이다. 따라서 교사들은 자신의 전문 분야인 티칭에다 코칭을 더해, 필요에 따라 티칭과 코칭을 적절히 사용하면 더욱 효과적인 교육을 할 수 있다.

코칭에서는 질문과 경청 이외에 인정, 공감, 칭찬, 메시징, 피드백 등의 스킬을 사용하는데, 임파워링 코칭에서는 특히 코칭 전체 과정에서 '함께 있기'를 매우 중요하게 여긴다. 상대방과 함께 있기 위해서는 코치가 문제가 아닌 사람에게 계속 집중해야 하기 때문이다.

유 선생님을 비롯해 많은 교사가 여러 해에 걸쳐 임파워링 코칭의 프로세스와 스킬을 자신의 삶과 수업에 적용하기 위해 다양한 시도를 해 왔다. 어떤 분은 임파워링 코칭 프로세스를 수업 대단원을 설계하는 툴로 발전시켰고, 어떤 분은 아이들과 15분 티타임 코칭을 시작해 한 사람에게 온전히 집중하며 함께 있으려고 노력하고, 어떤 분은 수업에 낙오자가 없이 누구나 뭔가를 할 수 있는 수업 목표를 만드는 데 집중했고, 어떤 분은 수업 시간에 효과적으로 질문하는 노하우를 고민하고, 어떤 분은 모두가 참여하는 수업 구조를 만들었고, 또 어떤 분은 가정과 학교에서 상대방의 단점보다 장점을 먼저 보고 그것을 표현해 주는 자기 훈련을 하고 있다. 또한 학생들이 과제나 수행평가를 할 때 신속하고 적절한 피드백의 효과를 절감하며 1년 동안 실험하고 있는 분도 있고, 학생들이 잘못했을 때 감정을 상하지 않으면서 교정적 피드백을 하는 커뮤니케이션의 예술에 도전하는 분도 있다. 그에 더해 자신이 경험한 코칭의 힘을 다른 교사들에게 전해 주기 위해 스스로 전문 코치 자격과 강사 자격 인증을 받고, 코칭을 수업에 적용한 코칭수업 사례를 전파하기 위해 전문성을 갈고닦아 온 분들도 전국 곳곳에 포진해 있다.

교사가 단지 정보를 전달하고 가르치는 것을 넘어 안내자, 조력자,

설계자, 멘토 등의 다양한 역할을 해야 한다는 말은 많이 들었지만, 그 역할들을 어떻게 감당할지 몰라 답답함을 호소하는 교사가 많다. 이제 코칭수업을 통해 안내자, 질문자, 경청자, 설계자, 조력자, 성찰자, 멘토로서의 역할을 훌륭하게 해낼 수 있는 방법을 그동안 모아진 좋은 사례들과 함께 경험해 볼 수 있다.

앞으로 인공지능 시대에는 이것과는 차원이 다른 새로운 교육의 장이 펼쳐질 것이지만, 근본적으로 상대방을 존중하고 상대방의 속도에 맞추어 질문하고 경청하고 피드백을 주는 배움과 격려의 의사소통은 사라지지 않을 것이다. 이것은 시대와 교육적 유행을 떠나서 더 나은 인간관계와 우리의 잠재 능력을 깨우는 기술이기 때문이다. 또한 더 행복하고 성숙한 개인, 가정, 학교, 사회, 국가를 만들기 위해 누구나 배워야 하고 배울 수 있는 방법이다. 다만, 시간이 걸리고 정직한 대가를 지불해야 한다.

2장

코칭수업
이해하기

우리는 교사로서 반 전체를 가르치는 것이 아니라 학생 한 명 한 명을 가르치고 있는 것이다
배움이란 각자의 배경에서 일어나는 지극히 개인적인 과정이기 때문이다

1

스스로 배우고 더불어 성장하는 우리

배움의 주체는 누구인가?

나 선생님은 코칭수업의 철학이 마음에 들었다. 학생들은 아직 미숙한 존재이기 때문에 교사가 가르치고 지도해야 한다는 생각을 당연하게 받아들였던 자신의 관점을 돌아볼 수 있었기 때문이다.

'하지만 이걸 어떻게 기억하고 수업에 반영하지?'

나 선생님은 유 선생님이 어떻게 하는지 궁금해졌다. 유 선생님은 답을 주는 대신 질문을 하나 던졌다.

"수업 시간에 배우는 속도가 가장 느린 아이들이 누구라고 했는지 기억나세요?"

"아, 몸으로 해 봐야 배우는 아이들이요. 체각형이라고 했나?"

"네, 그래서 수업 시간에 아이들이 꼭 기억했으면 하는 중요한 내용을 가르칠 때는 이 체각형 아이들이 기억하기 쉬운 동작이나 리듬을 넣어서 가르친다고 했지요. 선생님 말씀처럼 코칭수업의 철학은 정말 중요한 내용이니까 이것을 기억하기 쉽도록 선생님이 직접 동작이나 리듬을 넣어서 한번 만들어 보시면 어때요?"

"네? 저에게 바로 코칭수업을 적용하시는 거예요? 아, 할 수 없죠. 잠깐만 생각 좀 해 보고 올게요."

10분 정도 지나자 나 선생님이 밝은 얼굴로 돌아왔다.

"선생님, 코칭수업 철학 네 가지를 이렇게 외워 봤어요. 보세요."

나 선생님은 검지로 사람을 한 명씩 가리키는 동작을 하며 '사람은 다양하다', 그리고 엄지와 검지를 맞대고 손톱이 조금씩 자라는 흉내를 내며 '사람은 성장한다', 오른손으로 왼쪽 가슴을 두 번 두드리고 다시 상대방을 가리키며 '답은 내 안에 있다', 왼손에 오른손을 포개어 맞잡으며 '성장에는 협력자가 필요하다'를 표현했다.

"와! 정말 재미있는데요?"

"그렇죠, 선생님? 이제 코칭수업 철학을 잘 기억할 수 있을 것 같아요. 그런데 선생님은 이걸 어떤 식으로 기억하셨어요?"

"교실에 들어가기 전에 코칭수업 철학을 읽어요. 그리고 그것을 마음에 새기고 수업에 들어가죠."

사람은 다양하다   사람은 성장한다   답은 내 안에 있다   성장에는 협력자가
                                                            필요하다

코칭수업의 네 가지 철학

"그러시구나. 선생님, 코칭수업 철학에 동의한다는 것은 교사 자신에 대한 믿음이고 또 아이들에 대한 믿음이라는 생각이 들어요. 그런데 '사람은 다양하다'나 '성장에는 협력자가 필요하다'는 생각에는 쉽게 동의가 되는데, 나머지 두 개는 '사람은 성장하기도 한다', '답은 가끔 내 안에 있다' 정도로만 동의가 돼요. 선생님은 어떠셨어요?"

"나 선생님 표현이 참 솔직하고 좋네요. 저도 물론 그랬죠. 저는 '사람은 다양하다'부터 걸리던데요."

"네? 그게 왜요?"

"사람이 다양하고 아이들도 다양하지요. 그런데 수업 시간에 내가 그 아이들 하나하나에 어떻게 다 맞춰서 수업을 할 수 있겠어요? 말도 안 되는 얘기죠."

"그럼 선생님은 그걸 어떻게 동의하게 되셨는데요?"

"속에서 계속 저항이 일어나긴 했지만, 대의에 동의하는 수준에서 수업 준비를 했죠. 개별적으로는 못해도 반별로 조금씩 진도가 다르고 특성이 다를 때 수업 구조도를 이용해서 반별 수업 지도안을 구상하는 수준에서요. 그러다가 어느 날 인터넷에서 어떤 선생님의 동영상을 봤어요. 그분이 이런 말을 하시더라고요. '우리는 교사로서 반 전체를 가르치는 것이 아닙니다. 나는 그 시간 동안 학생 한 명 한 명을 가르치고 있습니다. 배움이란 각자의 내면에서 일어나는 지극히 개인적인 과정이기 때문입니다.' 이 말을 들으면서 머리가 띵 울리더라고요. '맞아, 배움은 아이들 한 명 한 명의 내면에서 일어나는 거지. 내 수업은 대량 생산, 대량 소비의 공산품이 아니구나. 나는 아이들 한 명 한 명의 배움에 관여하는 사람이구나.' 그 이후로 '사람은 다양하다'는 말의 의미가 제 안에 온전히 뿌리를 내리게 됐어요."

"저는 한 번도 그렇게 생각해 본 적이 없는데……. 배움은 각자의 내면에서 일어나는 지극히 개인적인 과정이다!"

"네. 그러니까 선생님도 너무 서두르지 말고 계속 의문을 품고 동의되는 수준에서 적용해 보세요. 시간이 지나면서 경험과 이해의 폭이 넓어지고, 또 나중에는 코칭수업의 철학을 넘어 선생님만의 수업 철학을 정립할 날이 올 거예요."

"정말 그렇게 됐으면 좋겠어요. 저는 요즘 반응 없는 아이들, 딴짓하는 아이들, 무기력한 아이들을 어떻게 하면 자기 머리를 써서 배우게 할 수 있을까 고민이 많거든요. 솔직히 어떤 아이들은 스스로 배우려 하지 않는 것 같아요."

"네, 그렇게 보이는 아이들이 있죠. 그런데 그런 아이들에 대해 다르게 생각해 볼 수도 있을 것 같아요."

"어떻게요?"

"선생님, 인간의 뇌가 가장 좋아하는 것 두 가지가 뭔지 아세요?"

"놀기랑 먹기요?"

"오호, 그게 있었네요. 그게 더 정답 같기는 한데, 뇌과학자들이 말하기로는 '새로운 것을 배우기'와 '새로운 것을 만들기'래요. 우리 뇌에서 가장 큰 부분이 대뇌 신피질인데, 거기에서 담당하는 게 학습과 창조래요. 그러니까 우리 뇌는 배우는 걸 가장 좋아한다는 말인데, 아이들이 배우기를 싫어하는 이유는 어쩌면 우리가 아이들에게 왜 배우는지도 모르는 배움을 강요하고 아이들을 배움의 노예로 만들었기 때문이 아닐까 생각해 볼 수 있는 거죠."

"좀 뜨끔한데요."

"스무 살 미만 아이들의 문제는 대부분 부모와 사회에 책임이 있다고 들었어요. 그러니까 배우기를 거부하는 아이들의 문제는 학교나 몇몇 교사의 각성 차원이 아니라 우리 사회 전체, 우리 어른들 전체의 각성이 필요한 문제라고 생각돼요."

"갑자기 문제가 커져 버린 느낌이네요. 이 막막한 기분을 어쩌죠? 어쨌건 수업을 해야 하고 당장 괴로운 건 교사잖아요. 제가 뭔가 할 수 있는 게 있을까요?"

"그 기분 저도 잘 알아요. 만약 나 선생님께서 문제를 인식하고 수업을 통해 뭔가 대안을 찾고자 하신다면, 코칭수업에서 그 실마리를 발견하실 수 있을 거예요."

"선생님은 어떤 식으로 하시는데요?"

"최근에 남이 떠먹여 주는 밥 먹어 보신 적 있으세요?"

"아뇨."

"한번 상상해 보세요. 앞으로 계속 남이 떠먹여 주는 밥을 먹어야 한다면 어떠실 것 같아요?"

"어휴, 힘들고 불편하죠. 밥 먹기도 싫어질 것 같은데요."

"저는 배움의 숟가락을 아이들에게 넘겨주려고 해요. '아이들은 성장한다', '답은 아이들 안에 있다'는 믿음을 실천한다는 생각으로 아이들이 수업의 주인이 되게 하려고 노력하죠. 그렇게 하면 교사는 저절로 아이들이 잘 성장하도록 돕는 협력자가 되어 있더라고요."

"아이들이 수업의 주인이 된다? 좋은 말이긴 한데, 저는 그게 좀 뜬구름 잡는 소리 같아요. 교사가 어떻게 해야 되는지도 잘 모르겠고요."

"우선 아이들이 수업의 주인이라고 해서 교사가 할 일이 없다고 생각하시면 안 돼요. 오히려 그 반대일 수도 있죠. 교사가 가장 중요한 역할을 해야 하는 부분이 '수업 중'에서 '수업 전'으로 바뀐다고 보시면 돼요. 수업전에 아이들이 잘 배우고 참여하고 소통하며 깨달을 수 있는 구조를 설계해야 하죠. 그러면 실제 수업에서는 아이들이 주도적으로 참여할 수 있게 질문하고 지원하고 조절해 주는 역할만 하게 되는 거예요. 아이들은 성장하려는 본능이 있어서 스스로 배워 나간답니다."

나 선생님은 유 선생님의 말을 들으면서 몇 가지 궁금증이 생겼다. 그동안 나 선생님은 학생들에게 교과 지식을 충실히 전달하고, 시험을 앞두고는 문제 풀이 수업을 통해 시험 대비도 잘 시켜 주려고 노력했다. 그렇게 해서 학생들의 성적이 잘 나오면 자신이 역할을 잘했다는 생각에 뿌듯했다.

"선생님, 현실적으로 교사가 교과 지식을 잘 전달하고 문제 풀이 연습도 시켜서 좋은 점수를 받게 도와줘야 자기 역할을 다했다고 할 수 있지 않을까요?"

"네, 아이들이 스스로 배우고 성장하는 데에 교과 지식 전달과 문제 풀이 연습이 필요하다면 당연히 해야지요. 그런데 만약 교사의 역할이 교과 지

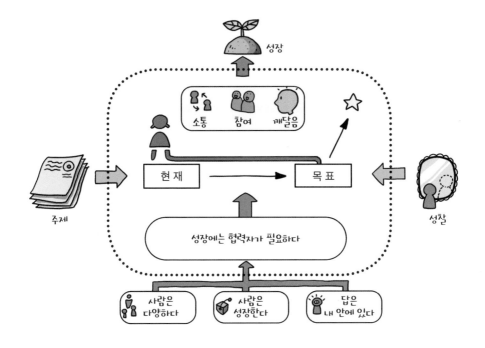

코칭수업의 철학과 실행

식 전달과 문제 풀이 연습이라고 생각하며 타성에 젖어서 그렇게만 하고 있다면 그건 다시 생각해 볼 부분입니다. 코칭수업에서 교사는 학생이 스스로 목표에 도달할 수 있도록 도와주는 협력자예요. 교사로서 어떻게 하면 협력자로서의 역할을 잘할 수 있을지를 고민하죠."

"그렇게 한다고 아이들이 과연 제 발로 배우겠다고 나서고, 스스로 목표에 도달할 수 있을까요? 저는 그게 너무 이상적이라는 생각이 드는데요."

"예, 선생님 말씀처럼 수업에서 아이들이 배움의 주체가 되게 하는 것이 쉽지는 않아요. 수업에서 배움의 주체가 되어 본 경험이 없었던 아이들에게 길게든 짧게든 계속 그런 경험을 제공하면서 제 발로 서고 걷게 도와

줘야 하지요. 저는 지금부터라도 그런 경험을 해 본 아이들이 나중에 자기 삶의 주인이 되어 살아갈 거라고 믿고 있어요. 그래서 수업의 장을 코칭의 장이라고 생각하고 아이들 스스로 배움의 길에 나서고, 원하는 목표에 이를 수 있도록 코칭수업을 실천하고 있는 거지요."

나 선생님은 문득 교사가 되어 처음 수업을 준비하던 날 밤이 떠올랐다. 그때 정현종 시인의 〈방문객〉이라는 시를 읽으면서 아직 얼굴도 못 본 아이들이지만 한 명 한 명의 일생을 맞이한다는 생각에 사뭇 가슴이 떨렸었다.

사람이 온다는 건
실로 어마어마한 일이다.

그는
그의 과거와
현재와
그리고
그의 미래와 함께 오기 때문이다.
한 사람의 일생이 오기 때문이다.

나 선생님은 자신이 아이들의 현재와 미래의 삶을 가꾸는 일을 하고 있다는 사실을 새삼 깨닫고 마음이 찡해졌다. 나 선생님은 아이들이 원하는 배움을 경험하게 해야겠다고 생각했다. 그러고는 가방에서 작은 수첩을 꺼내 이렇게 적었다.

배움의 주체는 아이들이다.
나는 아이들이 제 발로 배움에 이르도록 도울 것이다.

"나 선생님, 오늘 저와 이야기 나누면서 선생님에게 가장 의미 있었던 게 뭔가요?"

"제가 아이들의 현재와 미래의 삶을 가꾸는 데 영향을 미치는 중요한 사람이라는 거요. 그래서 좋은 영향을 주는 사람이 되어야겠다는 생각을 하게 됐어요. 저도 아이들이 스스로 배움의 주체가 되어 배울 수 있도록 코칭수업을 실천해 보고 싶어요. 선생님과 이야기하면서 저희 반 정민이가 떠올랐어요. 정민이는 최상위권 성적은 아니지만 수업에 늘 열심히 참여하고 배운 걸 실천하려고 노력해요. 또 자기가 알게 된 걸 친구들한테 잘 가르쳐 주고, 모르는 애들은 잘 도와주고요. 모둠 활동이 잘 안 될 때도 항상 긍정적인 자세로 배울 것을 찾더라고요. 그 애는 어떻게 그렇게 자랐을까 궁금할 정도지요."

"정민이는 정말 주체적으로 배우는 아이네요. 그런 아이들을 '성장 마인드'를 가졌다고 한대요. 성장 마인드는 케롤 드웩의 연구에 나오는 말인데, 이런 학생들은 연습, 학습, 도전이 가치가 있고 실패에서 많은 것을 배울 수 있다고 생각해서 수업에도 매우 적극적이고 능동적으로 참여한대요. 그와 대조적으로 '고정 마인드'를 가진 학생들은 지능이 고정되어 있다고 믿기 때문에 자기가 잘할 수 있는 것에만 매달리고 새로운 분야에 대해 노력하는 것에는 부정적이라고 하더라고요."

"그러면 코칭수업에서도 성장 마인드를 강조하나요?"

"그렇죠. 코칭수업은 고정 마인드를 가지고 있는 아이들은 자신이 무한한 가능성을 지닌 사람이라는 사실을 인식하고 노력하여 스스로 성장하도록 도와주고, 성장 마인드를 가진 아이들은 스스로 터득한 앎을 삶에 적용시킬 수 있도록 도와주는 수업이니까요. 학생의 성장은 교육의 목표이자 코칭수업의 목표이기도 하죠.

교육과 코칭의 공통점은 사람의 성장을 돕는다는 것이다. 교육과 코칭의 교집합인 코칭수업은 아이들의 성장을 가장 중요하게 생각하며, 그것을 위해 가장 효과적으로 기여할 수 있는 방법을 모색한다. 아이들이 성장의 주체이면서 자기 삶의 주체이기 때문이다.
그렇다면 코칭수업에서 말하는 성장은 구체적으로 무엇일까?

수업은 배움연대

"선생님, 코칭수업에서 말하는 '성장'은 구체적으로 어떤 뜻이에요?"
"코칭수업에서 말하는 성장은 두 가지로 볼 수 있어요. 첫 번째는 '학습자 개인의 성장'이에요. 학습자는 수업에서 스스로 배우면서 자신의 잠재력을 끌어내고 계속 성장해 나가죠. 개인의 성장이 지적 능력의 성장이나 개인적 성공만 뜻하는 것은 아니에요. 그것은 인격이나 태도의 성숙까지 포함하는 개념이죠. 그럴 때 개인의 성장은 공동체의 성장으로 확장될 수 있어요. 그래서 코칭수업에서 말하는 두 번째 성장은 '공동체의 성장'이랍니다. 학습자 개인의 성장이 공동체에서 다른 사람에게 긍정적 영향을 줄 때 더 큰 가치와 의미가 있으니까요."
"선생님, 한 가지 더 궁금한 게 있는데요. 말씀하실 때 학생이라고 하지 않고 '학습자'라는 단어를 쓰시는 특별한 이유가 있나요?"

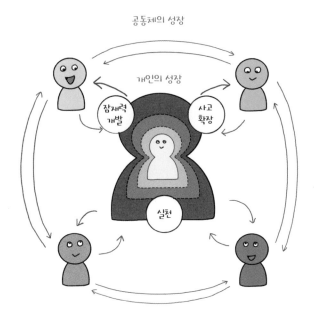

공동체의 성장

개인의 성장

잠재력
개발

사고
확장

실천

개인의 성장과 공동체의 성장을 이끌어 내는 배움연대

"나 선생님 굉장히 예리하시네요. 이유가 있죠. 학습자는 학생과 교사를 모두 포함한 개념이기 때문이에요. 코칭수업에서는 교사도 학생과 함께 배우고 성장하는 존재라고 생각해요. 왜냐하면 교사도 수업에서 학생들의 성장을 위해 다양한 시도를 하고 성찰하는 과정을 거치면서 성장하고 발전하기 때문이죠."

"아, '학습자'라는 말 속에 그런 의미가 있군요. 그런데 코칭수업이 개인의 지적 능력과 성공만이 아니라 인격과 태도의 성숙까지 추구한다고 하셨잖아요. 그건 구체적으로 어떤 의미인가요?"

"코칭수업에서는 교사와 학생, 즉 학습자가 '목표 너머 꿈'이 있는 존재이길 바라죠. '목표 너머 꿈'이란 직업적 성공을 넘어 자신이 어떤 삶을 살고 싶은지에 대한 꿈, 그러니까 개인이 추구하는 궁극의 가치이자 삶의 의미라고 할 수 있어요. 그래서 코칭수업은 수업 목표를 달성하는 데 그치지 않고 학습자의 배움이 자신이 추구하는 궁극적인 삶으로 확장되기를 바라지요. 학습자가 자신이 배운 것을 성찰하고 성찰을 통해 얻은 것을 실천해 봄으로써 어떻게 살아갈 것인지에 대한 해답을 스스로 찾도록 돕는 것이지요."

"수업을 통해 그런 수준까지 간다는 건, 저에게는 정말 '목표 너머 꿈' 같은 얘기네요. 그래서 말인데요, 수업에서 교사의 '목표 너머 꿈'이라는 게 구체적으로 무엇인가요?"

"교사도 수업을 통해 실현해 보고 싶은 꿈이 있어요. 그 꿈은 자신의 교육 철학이나 수업 철학과 연결되어 있겠지요. 나 선생님이 수업을 통해 실현하고 싶은 교사로서의 꿈이 있다면 무엇인가요?"

"글쎄요…… 요즘 제가 가장 많이 고민하고 있는 것은, 스스로 깊이 생각하는 아이들을 기르고 싶다는 거예요."

"바로 그거예요. 나 선생님이 '스스로 깊이 생각하는 아이들을 기르는 것'이 꿈이라면 어떤 선생님은 '아는 것을 실천하는 아이들'을 기르고 싶어 할 수도 있겠죠. 이렇게 교사마다 '목표 너머 꿈'은 다르겠지만, 수업을 다양하게 계획하고 시도한 후 수업을 되돌아보고 다시 수정하면서 꿈에 가까이 다가가게 되는 것이지요. 그 과정을 통해 우리는 어제보다 나은 교사로 성장하는 거랍니다."

"수업이 학생의 '목표 너머 꿈'만 실현시켜 주는 장이 아니라 교사의 '목표 너머 꿈'도 실현시켜 주는 장이라는 것이 새롭게 느껴져요. 그렇게 되기 위해서 교사와 학생, 두 주체의 역할이 매우 중요하겠다는 생각이 드네요."

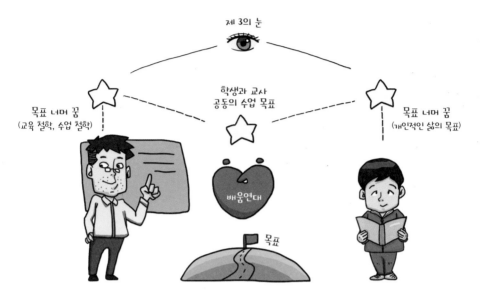

교사와 학생이 함께 성장하는 코칭수업

"그래요. 수업의 장에서는 교사와 학생이 대등한 '배움의 주체'이고, 두 주체의 연대가 필요하답니다. 코칭수업에서 학습자는 수업 목표를 세우고, 수업에 참여하고 소통하면서 무엇인가를 깨닫게 되지요. 그런 경험이 쌓이게 되면 자신의 '목표 너머 꿈'을 향해 조금씩 나아가게 돼요. 이렇게 교사와 학생, 학생과 학생이 수업 공동체 안에서 배움으로 연결되어 있는 것, 혹은 그 느낌을 우리는 '배움연대'라고 불러요. '배움연대'는 학생과 교사가 수업에서 함께 배우면서 더불어 성장한다는 뜻이기도 해요. 그리고 학습자가 '배움연대'라는 의식을 가지고 있을 때 자신의 배움을 넘어 서로의 배움에 기여한다는 책임감과 뿌듯함을 가질 수 있지요."

나 선생님은 코칭수업이 학생과 교사의 '목표 너머 꿈'을 조화롭게 다루고 있다는 점, 그리고 학생과 교사 모두의 성장을 중요하게 생각한다는 점이 의미 있게 느껴졌다. 특히 교사와 학생이 서로 연대하여 함께 배우고 더불어 성장해 나가는 협력자라는 유 선생님의 말에 뭔가 새로운 시작을 할 수 있을 것 같아 가슴이 두근거렸다.

나 선생님은 다시 수첩을 꺼내 "수업은 배움연대다."라고 또박또박 쓰고 마음에 새겼다.

2

우리가 바라는 학생

유 선생님은 코칭수업이 '스스로 배우는 아이들, 스스로 성장하는 아이들'을 키운다고 했다. '스스로 배우면서 자신의 삶의 지평을 넓혀 가는 아이들의 모습'. 나 선생님은 그런 모습을 상상만 해도 기분이 좋아졌다. 그러나 곧 현실과는 다른 이상적인 모습이라는 생각에 마음이 무거워졌다.

코칭수업에서 지향하는 아이들은 구체적으로 어떤 모습일까? 그런 아이들의 구체적인 특징을 알면 협력자로서 무엇을 해야 할지 알 수 있을 것 같았다. 또 교사로서 자신의 '목표 너머 꿈'에 한 발짝 다가갈 수 있을 것 같았다.

나 선생님은 어제보다 더 나은 수업, 어제보다 더 좋은 교사가 되는 디딤돌을 쌓기 위해 질문을 품고 유 선생님을 찾았다.

배움에 책임감이 있는 학생

"유 선생님, 코칭수업에서는 '스스로 배우는 아이들, 스스로 성장하는 아이들'을 지향한다고 하셨잖아요. 그런 아이들은 수업할 때 어떤가요?"

"아이들의 모습이 궁금하세요? 제 생각엔 나 선생님이 직접 그런 학습자가 되어 보시는 게 가장 정확할 것 같은데요. 안 그래요?"

"아, 그런데 애들이 저를 안 끼워 줄 것 같아요."

"나 선생님의 경험을 떠올려 보면 좋을 것 같네요. 스스로 배우는 학습자는 어떤 태도로 수업에 임할까요?"

"음, 일단 열심히 배우겠죠. 스스로 배우는 아이들은 마음에서부터 자연스럽게 우러나오는 '배움에 대한 책임감'이 있을 것 같아요."

"배움에 대한 책임감이 있는 아이라…… 그런 아이는 어떤 아이인가요? 좀 더 구체적으로 설명해 주시겠어요?"

"제가 생각하는 '배움에 대한 책임감'을 가진 아이는, 배움을 수단으로 삼지 않고 배움 그 자체를 즐길 수 있는 아이예요. 누구 때문에, 무엇 때문에 배우는 것이 아니라 배우는 것이 즐거워서 배우는 아이는 책임감이 마음에서 저절로 생기는 것이지요. 그런 아이들은 배우려고 스스로 움직여요. 나중에 사회에 나가서도 자신이 하는 일을 즐기면서 스스로를 성장할 수 있게 만드는 기본적인 마음의 자세라고 할 수 있죠."

"그러니까 '배움에 대한 책임감'은 결국 아이들 스스로 배움의 주인이 되는 거라는 말씀이군요. 아무것도 안 하겠다고 나자빠지는 아이, 당당하게 배우지 않겠다고 말하는 아이들에게 꼭 필요한 것이겠네요. 수업에서 조금이라도 배우려는 욕구가 있어야 성장할 수 있을 테니까요."

"네, 그래요. 개인적으로는 '배움에 대한 욕구'라고 말할 수 있겠네요. '배

함께 성장!
집단지성!

배움에 대한 책임감

서로의 배움에 기여

배움에 대한 책임감은 참여·소통·깨달음의 경험을 통해 생긴다.

움에 대한 책임감'이라고 말한 이유는 코칭수업에서 말하는 공동체의 성장과 연결되기 때문이에요. 이것은 개인의 배움에서 한 발 더 나아가 친구들과 함께 배우는 책임감이라고 할 수 있죠. 공동체 안에서 자기 생각을 함께 나누고 타인의 생각을 덧붙이면서 아이들은 더불어 성장하잖아요. 그런 과정에 직접 참여해서 자기 생각이 발전했다는 것을 깨달았던 경험이 있는 아이들은 자연스럽게 '배움에 대한 책임감'이 생기는 것 같아요."

"아하, 나 선생님이 말씀하시는 '배움에 대한 책임감'은 강제로 지워 주는 책임감이 아니라 배움에 참여하여 성장해 본 경험을 통해 자연스럽게 생기는 책임감이군요. 그런 책임감을 갖도록 하기까지 교사로서 오랜 인고의 시간이 필요할 것 같은데요. 그렇다면 그런 마음 자세를 가진 아이들을 기르기 위해 나 선생님은 무엇을 할 수 있나요?"

"유 선생님 말씀처럼 태도나 가치를 내면화시키는 일은 정말 힘든 일인 것 같아요. 그래도 저는 교사가 구호처럼 말해 주는 것이 아니라 아이들이 수업을 하는 과정에서 '배움에 대한 책임감'을 스스로 느끼고 깨달았으면 좋겠어요. 그러려면 '아, 오늘은 내가 적극적으로 참여하고 소통했더니 이러이러한 것을 배웠어!' 하는 경험을 해 보도록 기회를 줘야겠죠. 먼저 아이들에게 수업에 참여하고 소통하는 경험을 준 다음, 자신이 배우는 태도와 자세를 되돌아보는 시간을 주어야겠어요. 물론 아이들이 참여하는 과정에서 갈등과 문제점이 생기겠지만 그것을 해결하는 과정에서, 배움은 즐거운 것이고 더불어 배울 때 더 가치 있고 더 많이 성장할 수 있다는 느낌을 가질 수 있도록 느긋하게 기다려 줘야 할 것 같아요. 제가 할 일은 아이들이 그런 경험을 많이 할 수 있도록 수업을 설계하고 실행하면서 기다려 주는 일이겠네요."

"와! 조급하게 생각하지 않고 길게 보는 나 선생님의 여유가 느껴지네요. 그렇게 계속 실천하면 아이들이 자신의 태도를 점검하고 내면화할 기회가 많이 생기겠네요. 그럼, 나 선생님이 지금까지 '배움에 대한 책임감'과 관련해 말씀하신 내용을 정리해 보시겠어요?"

'배움에 대한 책임감'은 배움이 즐거울 때 싹튼다. 그것은 누군가 주입하는 것이 아니라 마음에서 자연스럽게 생기는 것이다. 아이들은 배움이 즐거울 때 스스로 배우고 자기를 성장시킨다. 이것이 자기의 배움에 책임지는 모습이다.

그런데 배움은 다른 친구들과 함께할 때 꽃이 핀다. 수업에서 자기가 배운 것을 공유하고, 거기에 친구들의 다양한 생각이 덧붙으면서 배움은 발전한다. 나와 친구들이 더불어 성장하는 것이다. 이것이 바로 학생 개개인이 공동체의 배움에 책임지는 모습이다. 자신과 친구들의 배움에 책임감을 가지고 모두가 함께 배우는 즐거움을 느끼며 더불어 성장하는 것. 바로 배움연대와도 연결되는 지점이다.

나 선생님은 자기가 생각하는 '배움에 대한 책임감'을 위와 같이 정리하고 자신이 할 일을 수첩에 썼다.

〈실천하고 싶은 것〉
'배움에 대한 책임감'을 내면화하도록 수업을 설계하고 기다려 주자.

소통하는 학생

"나 선생님은 스스로 배우고 더불어 성장하는 학생들은 '배움에 대한 책임감'이 있다고 말씀하셨어요. 그렇다면 스스로 배우는 아이들은 수업에서 또 어떤 행동을 할까요?"

"음…… 그런 아이들은 수업에서 소통을 잘하겠죠. 좋은 관계를 만들고 유지하기 위해서 친구들이 한 말을 잘 듣고 상대방을 인정해 주겠죠. 사람에 대한 존중이 몸에 배어 있다고 할까요. 그렇기 때문에 친구들과 관계가 좋을 것이고요."

"교사와 학생, 학생과 학생 사이의 좋은 관계는 수업에서 배움을 일으키는 전제 조건이죠. 좋은 관계는 수업 분위기를 안정시켜 안심하고 말할 수 있도록 해 줘요. 이는 곧 활발한 참여로 가는 밑바탕을 만들어 준다는 데에 큰 의미가 있어요. 소극적이고 내성적인 아이들도 자신이 어떤 말을 하든 친구들이 받아 줄 것이라는 믿음이 있으면 안심하고 대화에 참여할 수 있을 거고요. 그러려면 교사는 물론 학생들도 서로를 존중하는 마음이 있어야겠죠. 그런데 '관계가 좋다고 배움이 일어날까?'라는 의문이 들어요. 나 선생님은 '배움이 일어나는 소통'은 무엇이라고 생각하세요?"

"배움이 일어나는 소통의 핵심은 경청과 피드백에 있다고 생각해요. 원만하고 좋은 관계, 안정적인 분위기에서 친구들의 생각을 경청하고 함께 생각해 볼 수 있는 질문을 하면서 피드백이 오고 간다면 깊은 배움으로 나아갈 수 있지 않을까요? 친구가 한 말을 받아 거기에 살을 붙여 설명하는 '지지적 피드백'으로 자기 생각을 심화하고, 친구의 말에 다른 입장을 취하는 '교정적 피드백'으로 관점을 바꿔 가면서 생각의 폭을 넓혀 가는 거죠.[5] 이런 식의 소통은 아이들이 좀 더 넓고 깊게 배울 수 있도록 이끌어 준다고 생각해요."

나 선생님은 자신이 한 말을 정리해 보았다.

수업은 대화이다. 대화를 한다고 해서 원만한 소통이 이루어지는 것은 아니다. 수업에서 소통은 두 가지 역할을 한다. 하나는 좋은 관계를 만드는

---

5   리처드 윌리엄스의 《사람을 움직이는 힘, 피드백 이야기》에서는 피드백의 유형을 관계의 측면에서 '지지적 피드백', '교정적 피드백', '학대적 피드백', '무의미한 피드백'으로 나눈다. '지지적 피드백'은 소통의 긍정적 에너지를 바탕으로 서로 견해를 존중하고 배려하고 격려하는 피드백을 뜻한다. '교정적 피드백'은 기존에 형성된 관계를 개선·발전시켜 나가는 데에 유용한 피드백으로, 반복되는 실수나 잘못을 적절하게 고쳐 나갈 수 있도록 해 준다. '학대적 피드백'은 사람들에게 상처와 절망을 주는 피드백이며, '무의미한 피드백'은 관계를 형식적인 차원으로 전락시키고 어떤 유의미한 발전도 가져오지 못하는 피드백을 의미한다.

소통은 관계를 형성하고 넓고 깊은 배움으로 인도한다.

것이고, 다른 하나는 넓고 깊이 있는 배움으로 나아가게 하는 것이다. 관계를 만드는 소통은 존중하는 마음, 경청, 칭찬, 인정, 축하, 지지적 피드백 등으로 수업에서 나타난다. 이는 서로에 대한 이해를 높여 주고 안정된 수업 분위기를 만든다. 그런 분위기 안에서 비로소 배움으로 나아가는 소통을 할 수 있다. 질문하고, 설명하고, 피드백을 덧붙이면서 깊은 배움으로 나아간다.

〈실천하고 싶은 것〉
① '배움에 대한 책임감'을 내면화하도록 수업을 설계하고 기다려 주자.
② 소통의 본보기로서 내가 먼저 아이들을 존중하는 마음으로 칭찬하고 인정하고 축하하고 질문하고 피드백하자.

참여하는 학생

"나 선생님은 스스로 배우고 더불어 성장하는 학생들은 '배움에 대한 책임감'을 가지고 '소통'한다고 하셨어요. 그런 아이들은 수업에서 또 어떻게 행동할까요?"

"당연히 수업 활동이나 발표, 과제 수행 등에 적극 참여하겠죠. 교사가 아이들이 참여할 수 있도록 활동을 계획해 가면 호기심과 흥미를 가지고 과제를 해결하기 위해 아이디어도 내고, 자기 삶과 연결시키기도 하고, 친구들이랑 협력도 하면서 능동적으로 배울 것 같아요. 참여하는 과정에서 아이들은 배움에 몰입하게 되고 배움이 즐겁다는 것을 느낄 수 있을 것이고요."

"네. 그러면 선생님이 말씀하시는 참여는 코칭수업 철학과는 어떤 관련이 있을까요?"

"음…… 코칭수업 철학에서 '답은 내(학습자) 안에 있다'고 했잖아요. 아이들이 자기 안에 있는 답을 끌어내는 것이지요. 그 답을 끌어내는 방법 중에 하나가 참여이고 소통인 셈이죠."

"나 선생님이 말하는 참여와 소통은 아이들 안에 있는 답을 끌어내는 방법이군요. 그렇다면 아이들이 적극적으로 참여하여 배움을 이끌어 내도록 돕기 위해서 나 선생님이 할 수 있는 일은 뭘까요?"

"아이들이 수업에 참여할 수 있는 수업 구조를 마련해 봐야겠어요. 학습 목표에 맞게 아이들이 수업에서 해야 할 과제를 마련하고 학생들이 직접 참여해서 스스로 목표에 이를 수 있도록 설계해 보는 거예요. 아이들은 활동에 개별적으로 참여할 수도 있고 그룹으로 참여할 수도 있을 거예요. 특히 그룹으로 참여할 때에는 무엇보다 협력이 중요할 것 같아요. 그러기 위해서 배움이 일어나는 참여를 만드는 요소는 무엇인지, 아이들을 참여시키는 방법에는 무엇이 있을지를 공부해 봐야겠어요."

"나 선생님이 아이들에게 배움을 주기 위해 고민하는 모습이 참 좋아 보이네요. '참여하는 학생'에 대해 하신 말씀을 정리해 볼까요?"

나 선생님은 자신이 한 말을 바탕으로 이렇게 정리하였다.

아이들은 호기심과 흥미를 가지고 참여하는 과정에서 서로 협력하면서 배운다. 그리고 배움을 자기 삶과 연결해 가면서 배움에 대한 진정한 의미를 찾아 나가게 된다. 그렇게 참여하는 과정을 통해 아이들은 배움에 대한 즐거움과 몰입을 경험할 수 있다. 이때 교사는 수업의 장에서 학생이 자발적으로 참여하여 몰입하고 협력할 수 있도록 도와야 한다. 따라서 교사는 학생이 스스로 목표에 이를 수 있는 다양한 참여 방법을 모색해야 한다.

그러고 나서 나 선생님은 수첩에 다음과 같이 썼다.

〈실천하고 싶은 것〉
① '배움에 대한 책임감'을 내면화하도록 수업을 설계하고 기다려 주자.
② 소통의 본보기로서 내가 먼저 아이들을 존중하는 마음으로 칭찬하고 인정하고 축하하고 질문하고 피드백하자.
③ 배움이 일어나는 참여를 만드는 요소와 다양한 참여 방법에는 무엇이 있는지 공부하자.

배움 전략이 있는 학생

"나 선생님은 스스로 성장하는 아이들은 '배움에 대한 책임감'을 가지고 '소통하고 참여한다'고 말씀하셨어요. 그렇다면 스스로 배우는 아이들은 어떤 인지적 특성이 있을까요?"

"음…… 잘 배울 수 있는 전략을 가지고 있다고 생각해요. 잘 배우는 아이들을 관찰해 보면, 정말 잘 들어요. 교사가 한 말만 잘 듣는 것이 아니라 친구들이 어떤 이야기를 하는지도 귀 기울여 들어요. 또 자기 말에 지지하는 피드백뿐만 아니라 자기 말에 비판적이거나 조언하는 피드백도 기분 나빠하지 않고 잘 듣죠. 그런 피드백을 자기 발전의 디딤돌로 삼아 자기 생각을 만들어 내요. 열린 마음으로 잘 들어야 할 수 있는 것이지요."

"나 선생님이 생각하는 배움 전략 가운데 하나가 경청[6]하는 것이군요. 또 다른 전략이 있나요?"

"네, 있어요. 잘 배우는 아이들은 경청에서 끝나지 않지요. 들은 내용에 대해 질문을 하기도 하고, 핵심을 잡아 요약하거나 자기 생각을 메모하기도 하지요. 수업이 끝난 다음에는 배운 내용을 잘 기억하기 위해 복습하기도 해요. 경청, 질문, 메모, 복습하는 전략을 가지고 자기 생각과 다른 사람의 생각을 비교하기도 하고 융합하기도 하면서 새로운 생각으로 발전시켜 나가는 것이지요."

"잘 배우는 학생은 배움 전략, 그러니까 경청, 질문, 메모, 복습 전략을 가지고 있다고 생각하시는군요. 그런 전략들은 자기 생각을 만들기 위해 꼭 필요한 것이고요. 그런데 경청, 질문, 메모, 복습 전략이 모든 학생에게 동

6 203쪽 '경청' 참고

배움 전략은 자기 생각을 만드는 데 필요하다. 그러나 고정된 것은 아니다.

일하게 적용될까요?"

"코칭수업 철학 가운데 '사람은 다양하다'가 있잖아요. 아이마다 그 아이에게 맞는 배움 전략이 있다고 생각해요. 자기에게 맞는 배움 전략은 시행착오와 성찰을 통해 만들어 나갈 수 있을 것 같아요. 배우는 데 필요한 전략을 스스로 터득해 본 아이들은 앞으로 삶을 살아가는 전략도 상황에 맞게 잘 만들어 낼 수 있을 거예요."

"나 선생님 말처럼 배움 전략을 만들어 본 경험이 아이들이 앞으로 삶을 잘 살 수 있는 전략을 만드는 데 도움이 된다면 좋을 것 같네요. 그렇다면 그런 배움 전략을 키워 주기 위해서 나 선생님은 무엇을 하면 좋을까요?"

"저 같으면 잘 배우기 위해 어떤 방법을 써 볼지 아이들이 생각해 볼 기회를 줄 것 같아요. 자기 스스로 잘 배웠다고 생각할 때는 어떤 전략을 썼으며, 배움에 실패했다고 생각할 때는 어떤 전략을 썼는지를 되돌아보게 하는 거죠. 그 과정에서 아이들은 자기에게 맞는 배움 전략을 찾아낼 수 있을 거예요. 이미 배움에 대한 전략을 쓰고 있는 아이들이 있다면 본보기로 보여 줄 수도 있을 거예요. 예를 들면, 그런 친구들이 만들어 낸 결과물을 보여 주거나 수업 시간에 배움 전략을 쓰는 아이를 발견하면 바로 칭찬하고 인정해 줘서 다른 아이들도 그 배움 전략을 써 보도록 간접적으로 권하는 거죠. 만약 도움을 청하는 아이들이 있다면 제가 직접 배움 전략을 활용해 보도록 알려 줄 수 있겠죠. 단, 다른 사람의 전략을 적용해 볼 때는 자기에게 맞게 바꾸어 써 보라고 조언하겠어요. 배움 전략은 시행착오를 통한 성찰로 완성되니까요."

"아이들에게 '배움에 대한 전략'을 키워 주기 위해서 나 선생님 스스로 방법을 찾아가는 모습이 인상적이네요."

'배움에 대한 전략'을 성적을 잘 받기 위한 전략으로 오해해서는 안 된다.[7] '배움에 대한 전략'은 자기 생각을 만들기 위해 필요한 것이다. 또 경청이나 메모, 질문, 복습 전략 등이 정답처럼 고정되어 있는 것도 아니다. '사람은 다양하기' 때문에 아이마다 잘하는 부분과 보완해야 할 부분이 다르다. 따라서 아이마다 필요한 전략도 각자 다를 것이다.

교사는 아이들이 시행착오와 성찰을 통해 자기만의 '배움에 대한 전략'을

---

7 '배움에 대한 전략'을 이혜정의 《서울대에서는 누가 A+를 받는가》에서 폭로한 것처럼 강의 시간에 맨 앞자리를 차지하고 앉아서 교수가 한 말을 한 자도 놓치지 않고 받아쓰고, 강의가 끝난 후에 재정리하면서 외우고, 시험 볼 때 그대로 옮겨 쓰는 전략으로 오해해서는 안 된다.

만들어 나간다는 점을 간과해서는 안 된다. 또 교사가 '이렇게 하라' 혹은 '저렇게 하라'고 지시하면 아이들은 강요로 받아들일 수 있다. 교사는 느긋한 마음으로 아이들이 자기에게 맞는 옷을 찾아가는 모습을 지켜보고 스스로 성장할 수 있도록 조언해 주면 된다.

이렇게 정리하고 나서 나 선생님은 수첩에 다음과 같이 썼다.

〈실천하고 싶은 것〉
① '배움에 대한 책임감'을 내면화하도록 수업을 설계하고 기다려 주자.
② 소통의 본보기로서 내가 먼저 아이들을 존중하는 마음으로 칭찬하고 인정하고 축하하고 질문하고 피드백하자.
③ 배움이 일어나는 참여를 만드는 요소와 다양한 참여 방법에는 무엇이 있는지 공부하자.
④ 아이들을 자세히 관찰하자. 배움 전략을 쓴 순간을 찾아내자. 어떤 전략을 썼는지 질문하자. 그리고 칭찬하고 인정해 주자.

성찰하는 학생

"축하해요! 지금까지 '스스로 성장하는 아이들'이 보이는 태도, 행동, 인지적 특성을 나 선생님이 직접 찾아내셨어요. '배움에 대한 책임감이 있는 학생', '소통하는 학생', '참여하는 학생', 그리고 '배움 전략이 있는 학생'. 이런 학생은 나 선생님이 지향하는 학생상이기도 하지만 코칭수업에서 지향하는 학생상과도 일맥상통하는 면이 있어요. 나 선생님이 말씀하신 학생상에 제가 덧붙이고 싶은 학생의 모습이 있어요. 들어 보시겠어요?"

"네, 어떤 모습을 가진 학생일지 궁금하네요."

"스스로 성장하는 사람들을 대표하는 특성으로 메타인지를 꼽을 수 있어요. 각 분야에서 성공한 사람들은 '자기 이해' 지능이 높다는 연구 결과가 있어요. 이런 내용이 EBS 다큐프라임[8]에 방영되기도 했지요."

"아, 저도 그 프로그램 봤어요. 각 분야에서 성공한 사람[9]을 다중지능으로 측정했더니 공통적으로 '자기 성찰' 지능이 높았다는 내용이었지요? 저도 그 연구 결과가 아주 흥미로웠어요. 그러니까 유 선생님은 스스로 배우는 아이들이 자기를 되돌아보고 이해하려는 성찰을 한다는 말씀이시군요."

"네, 맞아요. 성찰은 삶 전반에 걸쳐 적용할 수 있는 능력이지만, 수업 상황에 한정해서 이야기할게요. 성찰을 잘하는 학생은 자기가 배운 것을 되돌아보곤 하죠. 나 선생님은 학생들이 시행착오를 통해 배움 전략을 되돌아보고 고친다고 하셨지요? 그것도 성찰이라고 할 수 있죠. 이렇게 코칭 수업에서 성찰은 학생이 자기 배움을 되돌아보면서 의미를 부여하는 활동을 말해요. 나아가 성찰한 것을 행동으로 옮겨 배움을 넘어 성장으로 나아가는 것까지 포함하는 개념이라고 할 수 있어요. 자기가 무엇을 이해했는지 수업 목표 달성 여부를 확인하고, 자신의 배움 전략, 그리고 소통, 협력, 참여 등을 점검하고 반성하죠. 만약 성찰 과정에서 오류와 문제가 발견되면 그것을 고치고 보완하는 활동으로까지 나아가야죠. 이렇게 학생들은 성찰을 통해 자신의 배움을 확인하고, 고치고, 발전시켜 나감으로

---

8 EBS 다큐프라임, 〈아이의 사생활〉 4부 '다중지능'
9 여기서 말하는 '성공한 사람'은 공부를 잘해 성공한 사람만을 뜻하지 않는다. EBS 다큐프라임 〈아이의 사생활〉 '다중지능' 편에서는 디자이너, 발레리나, 싱어송라이터 등 자기 분야에서 몰입하여 의미 있는 인생을 사는 사람들의 다중지능을 분석하였다.

써 성장하는 거랍니다. 코칭에서는 객관적인 시각으로 바라본다고 하여 성찰을 '제 3의 눈'이라고도 하죠."

"그러니까 성찰은 아이들을 성장시키는 도구라고 할 수 있겠네요. 저도 수업 시간에 아이들이 배움을 되돌아볼 수 있는 기회를 많이 줘야겠어요."

"그래요. 교사가 수업에서 성찰 질문을 자주 해서 아이들이 자기의 배움을 되돌아볼 수 있는 기회를 주면 좋아요. 만약 아이들이 배움의 핵심을 발견하지 못한다면 교사가 추가 질문을 던지거나 피드백을 해 주어 학생들을 성찰하게 할 수 있어요. 또 학생의 배움을 '목표 너머 꿈'과 연결하여 삶의 장에서 실천할 수 있도록 도와줄 수도 있지요."

"선생님, 혹시 수업에서 바로 쓸 수 있는 성찰 질문들이 있을까요?"

"그렇지 않아도 나 선생님 주려고 제가 쓰고 있는 성찰 질문을 출력해 왔어요. 성찰 질문은 교사가 수업 내용에 맞게, 혹은 가르치는 아이들에게 알맞게 다시 만들거나 변형해서 쓰시면 돼요."

성찰 질문

1) 자신이 세운 학습 목표를 얼마나 달성했는가? 목표 달성 확인
2) 수업을 통해 무엇을 알게 되었는가? 잘 이해되지 않는 것은 무엇인가? 복습
3) 더 궁금한 점은 무엇인가? 궁금증을 어떻게 해결할 것인가? 배움의 확장
4) 배움을 발전시키기 위해 자신이 해야 할 일은 무엇인가? 어떻게 실천할 것인가? 배움의 확장, 그리고 성찰적 실천
5) 활동(배움 전략, 소통, 협력, 참여, 기여 등)에서 자신이 잘한 점은 무엇인가? 활동 점검
6) 활동(배움 전략, 소통, 협력, 참여, 기여 등)에서 다르게 해 볼 것은 무엇인가? 문제 발견과 해결
7) 6과 같이 보완하여 실천한다면 수업에서 자신의 모습은 어떻게 달라질까? 실천 의지
8) 오늘 배움은 자신에게 어떤 의미가 있는가? 배움의 의미

코칭수업은 배움을 되돌아보고 성장할 수 있는 기회를 준다.

9) 오늘 배운 내용을 자기 삶에 어떻게 활용할 것인가? 실천 의지

10) 9와 같이 실천했을 때 자신의 '목표 너머 꿈'은 어떻게 달라질까? 꿈의 진보

"그런데 이런 성찰 질문들을 수업 중 언제 쓰면 좋을까요?"

"일반적으로는 수업 마무리에 많이 써요. '배움일지'나 'Feeling은 소중해' 등을 예로 들 수 있어요.[10] 하지만 성찰은 수업 중 언제든지 일어날 수 있어요. 그래서 수업 중간중간 학생들에게 무엇을 배우고 있는지, 그것을 왜 배우는지, 그것이 자신에게 어떤 의미가 있는지, 그것을 배우기 위해

---

10 '배움일지'나 'Feeling은 소중해'는 수업이 끝난 후 수업에서 'AHA(깨달은 점), ?(궁금한 점), !(느낀 점)'을 학생 스스로 기록해 보는 활동이다.

어떤 방법을 쓰면 좋은지 등을 되돌아보고 점검할 수 있는 기회를 주면 좋아요. 또 교사가 제시하는 성찰 질문으로 배움을 되돌아보는 습관이 학생들에게 생겼다고 판단되면 학생이 자기 상황에 맞게 성찰 질문을 선택하거나 직접 만들어서 쓰도록 해 보는 것도 좋아요. 성찰하는 방법은 정해진 규칙이나 매뉴얼이 있는 것이 아니라 교사나 학생이 상황과 수준에 맞게 적절하게 활용하면 돼요."

나 선생님은 성찰하는 사람이 발전할 수 있는 기회가 많다는 사실을 어렴풋하게 알고 있었다. 하지만 그런 능력을 기르기 위해 교사가 도움을 주어야 한다는 생각은 해 본 적이 없었다. 그래서 유 선생님이 말한 '성찰하는 학생'이 더욱 새롭게 다가왔다.

성찰은 학생이 지속적으로 성장하기 위해서 배움의 과정(배움에 대한 책임감, 소통, 참여, 학습 전략 등)을 되돌아보는 활동이다. 확인하고, 고치고, 발전시킴으로써 학생은 성장한다.

이렇게 정리하고, 나 선생님은 수첩에 다음과 같이 썼다.

〈실천하고 싶은 것〉
① '배움에 대한 책임감'을 내면화하도록 수업을 설계하고 기다려 주자.
② 소통의 본보기로서 내가 먼저 아이들을 존중하는 마음으로 칭찬하고 인정하고 축하하고 질문하고 피드백하자.
③ 배움이 일어나는 참여를 만드는 요소와 다양한 참여 방법에는 무엇이 있는지 공부하자.

④ 아이들을 자세히 관찰하자. 배움 전략을 쓴 순간을 찾아내자. 어떤 전략을 썼는지 질문하자. 그리고 칭찬하고 인정해 주자.

⑤ 다음 수업 시간부터 성찰 질문을 바로 적용해 보자.

대화를 마치며 유 선생님은 나 선생님에게 한 가지 제안을 했다.

"오늘 스스로 배우는 아이들의 특성에 대해 이야기를 나눴는데, 한 가지 유의해야 할 점이 있어요. 우리가 이야기 나눈 이상적 학생의 모습은 누구나 동의해야 하는 정답은 아니에요. 교사마다 세계관과 가치관, 교육관에 따라 이상적인 학생의 모습이 조금씩 다를 테니까요. 코칭수업 철학에 동의한다면 교사 누구나 자신이 기르고 싶은 이상적인 학생의 모습을 그려 보는 것이 더 의미가 있어요. 교사가 어떤 학생을 기를 것인지에 대한 이상을 가지고 교육하는 것과 그렇지 않은 것은 교육의 결과뿐만 아니라 과정에도 큰 차이가 있겠지요. 그러니까 나 선생님이 생각하는 이상적인 학생의 모습을 다시 한번 정리해 보시면 좋겠어요."

나 선생님은 오늘 나눈 대화를 바탕으로 자기가 생각하는 이상적인 학생의 모습을 정리해 보았다. 나 선생님은 마음이 든든해졌다. 수업을 설계할 때 꼭 옆에 두고 참고하겠다고 다짐했다.

코칭수업에서 지향하는 학생의 모습

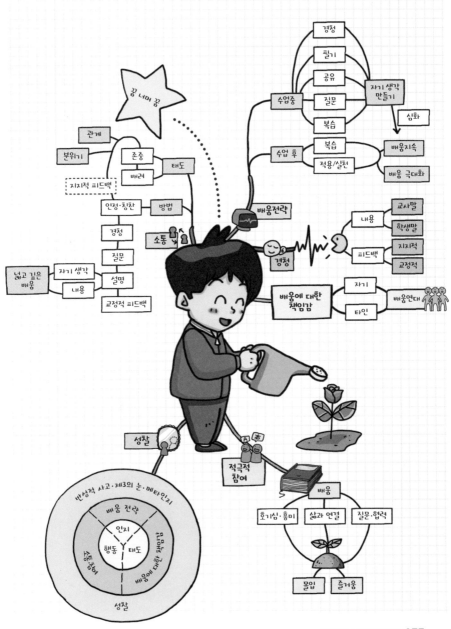

수업을 고민하시는 선생님께

● 선생님이 생각하는 이상적인 학생은 수업에서 어떤 태도를 보이나요?

● 선생님이 생각하는 이상적인 학생은 수업에서 어떤 행동을 하나요?

● 선생님이 생각하는 이상적인 학생은 어떤 인지적 특성이 있나요?

● 선생님이 생각하는 이상적인 학생은 그 외에 또 어떤 특성이 있나요?

3

우리가 바라는 교사

나 선생님은 수업 시간에 '배움에 대한 책임감'을 가지고 '자신만의 학습 전략'을 활용해 '소통, 참여, 성찰'하는 학생들을 다시 생각해 보았다. 마음이 뿌듯했다. 이는 교사로서 자신의 '목표 너머 꿈'을 구체화한 모습이기 때문이다.

그렇다면 이와 같은 학생을 기르는 협력자로서 교사의 모습은 어떤 것일까? 그런 코칭 교사는 학생들에게 어떻게 보일까? 또 수업에서 코칭 교사는 어떤 역할을 해야 할까? 나 선생님은 생각을 더 구체화해 보고 싶어 유 선생님을 찾았다.

"선생님, 교사가 코칭수업 철학을 마음에 간직하고 수업에 임하는 모습, 학생과 교사가 배움에 대해 연대감을 가지고 자발적으로 소통, 참여, 성찰하는 모습, 학생과 교사가 수업 목표를 달성하고 더 나아가 '목표 너머 꿈'을 이루는 모습, 정말 멋져요. 생각만 해도 가슴이 막 뛰어요. 그런데 코칭수업의 장에서 교사는 어떤 모습이어야 할까요?"

"선생님이 코칭수업에 대해 생각만 해도 가슴이 뛴다고 하니, 나 선생님은 이미 코칭 교사시네요."

"정말요? 저도 코칭수업을 잘할 수 있을까요?"

"그럼요. 선생님은 그동안 더 나은 수업을 하기 위해 어떤 것들을 해 오셨어요?"

"제가 귀가 얇아서…… 이것저것 많이 들어 보고 시도해 보고 그랬어요. 그리고 학생이 무엇인가를 질문하거나 요청하면 그것을 즉시 해결해 주려고 노력했고요. 또 노련한 강사들처럼 군더더기 없이 깔끔한 설명을 하려고 했지요. 그래서 수업 준비도 열심히 하고 틈날 때마다 시중에 나와 있는 참고서나 문제집도 거의 다 풀어 봤어요. 그렇게 하는 것이 학생들을 잘 가르치는 데 가장 좋은 방법이라고 생각했으니까요."

"그래서 어떠셨어요?"

"아이들은 그런 수업을 대체로 좋아하는 것 같긴 했어요. 그런데 어느 순간, 해결할 문제가 생기면 아이들이 저만 바라보는 느낌이 들더라고요. 제가 모든 것을 다 해결해 주기를 바라니까, 그럴수록 저는 무기력한 아이들에게 점점 지쳐 갔어요. 학생들이 스스로 생각하려고 하지 않았으니까요. 선생님처럼 저도 아이들의 잠재력을 임파워(empower)시키는 교사가 되고 싶은데, 구체적인 방법을 모르겠어요."

그렇다면 코칭수업에서 교사는 어떤 모습을 갖추어야 하는지 하나씩 살펴보자.

수업 에너지를 조율하는 CEO

CEO가 회사를 경영하고 회사 전반에 책임을 지는 것처럼 교사도 수업을 경영하며 수업의 성공과 실패에 책임을 진다. 교사와 학생, 학생과 학생이 만드는 바람직한 역동과 에너지는 배움과 성장이 있는 수업을 만들어 낸다. 교사는 수업 안에서 경청과 인정과 칭찬으로 좋은 에너지를 만들고 긍정적인 변화를 이끌어 내는 CEO라고 할 수 있다. 이는 교사가 학생 한 명 한 명이 가진 잠재력을 알아봄으로써 시작된다. 교사는 편견과 선입견을 버리고 학생들 각자의 무한한 잠재력과 성장 가능성을 알아보려는 노력을 해야 한다. 교사가 학생의 성장 가능성을 믿을 때 학생들은 각자가 가진 개성과 잠재력을 드러내 좋은 에너지를 만들 것이고, 교사와 학생이 함께 성장할 수 있는 긍정적인 변화를 이끌어 낼 수 있기 때문이다.

나 선생님은 교사가 학생의 긍정적 변화를 이끌어 내고 수업 에너지를 조율하는 CEO 역할을 해야 한다는 것이 새로웠다. 그리고 교사에게 꼭 필요한 마인드라는 생각이 들었다.

"나 선생님, 만약 교사가 CEO 역할을 인지하지 못하고 있다면 학생들은 어떻게 될까요?"

"글쎄요. 학생들이 자기 안에 무한한 자원을 가지고 있다는 사실을 알아차리기 힘들 것 같아요. 그러다 보면 배우기 위해 자기 안에 있는 무한한 자원을 활용하지 못할 거고요. 결국은 스스로를 움직이게 하는 원동력을 잃어버리게 되겠죠."

"그래요. 교사가 수업을 어떠한 방식으로 진행하든, 학생들이 자신을 특별하고 무한한 자원을 가진 존재라는 사실을 믿도록 하는 것이 중요해요."

나 선생님은 자신이 CEO라는 생각으로 코칭 교사의 역할을 하고 싶었다. 그래서 '에너지를 조율하는 코칭 교사'라는 뜻을 CEO에 담아 기억하기 쉽게 만들어 보았다.

씨익 웃으며 시작하는(긍정적 변화 기대)

교사와 학생, 학생과 학생의 에너지를 모으고 조율하는

오우~ 무한한 자원과 성장 욕구를 알아볼 수 있는 사람

만들어 놓고 보니 썩 괜찮게 느껴졌다. 유 선생님도 아주 좋은 아이디어라고 엄지손가락을 들어 올리며 칭찬해 주었다. 나 선생님은 유 선생님의 인정에 '역시 나야!' 하는 작은 성공의 기쁨을 맛보았다.

"유 선생님, 교사가 CEO가 된다면 어떤 행동을 하게 될까요?"
"좋은 질문인데요. 나 선생님 생각에는 어떤 행동을 할 것 같아요?"
"음…… 글쎄요. 우선 온화한 웃음을 지으며 아이들을 바라보고, 그들의 말과 행동을 듣고 관찰하면서 긍정적인 말을 할 것 같아요. 예를 들어, '음, 그런 생각을 했군요. 아주 흥미로워요. 좀 더 구체적으로 말해 줄 수 있나요?' 이런 말이요."
"저도 그런 모습이 그려지는데요. 교사가 CEO의 마음을 가지면 아이들을 아이들의 눈높이에서 만날 수 있고, 그들의 이야기를 온전히 들을 수 있게 된답니다."

학습자[11]의 마음의 소리를 듣는 경청자

수업은 교사와 학생, 학생과 학생이 소통하면서 더불어 배우는 장이다. 학습자 사이에 배움이 일어나는 대화를 소통이라고 한다면 소통을 하기 위해 교사가 해야 할 가장 기본적인 활동은 '경청하는 것'이다.

교사가 경청한다는 것은 아이들의 이야기를 온전히 듣는다는 뜻이다. 경청자로서 교사는 학생의 말뿐만 아니라 비언어적인 행동과 분위기를 통해 드러나는 감정, 욕구, 의미, 가치까지 듣게 된다. 여기서 놓치지 말아야 할 것은 교사 자신의 감정, 욕구, 의미, 가치도 알아차릴 수

11 '학습자'라고 표현한 이유는 배우는 사람의 범위를 학생뿐만 아니라 교사까지 포함시켰기 때문이다. 코칭수업에서 교사의 배움은 학생의 배움만큼 중요하다.

있어야 한다는 점이다. 그래야 교사와 학생의 생각과 느낌과 욕구가 다르다는 것을 이해하고 두 입장을 조율하면서 수업을 배움의 장으로 이끌어 나갈 수 있기 때문이다.

수업에서 교사가 경청자가 된다는 것은 소통을 잘할 수 있는 기본적인 능력을 가지고 있다는 것이며, 교사가 소통을 한다는 것은 수업 목표에 도달하기 위해 마음을 다해 학생과 함께 있으면서 경청, 인정, 칭찬, 질문, 피드백 등의 도구를 써서 학생이 스스로 배움으로 나아가게 하는 것이다.

나 선생님은 '마음의 소리를 듣는 경청자'라는 말을 음미하며, '나는 학생들의 마음의 소리를 들으려고 했었나?' 하고 생각해 보았다.

> "유 선생님, 교사가 마음의 소리를 듣는 경청자라는 말은 충분히 공감해요. 하지만 이것만 가지고는 부족한 것 같아요."
> "그렇죠. 교사가 학생의 말을 경청하면서 수업을 소통의 공간으로 만드는 것은 매우 중요한 교사의 역할이지요. 하지만 교사가 학생의 말을 잘 듣기만 하고 수업 시간에 배울 내용을 일방적으로 가르치려고만 한다면 학생이 스스로 깊이 생각할 수 있는 기회를 빼앗는 거지요. 결국 학생들은 수동적인 자세로 되돌아갈 거예요. 그래서 코칭 교사는 '배움을 촉진하는 질문자'가 되어야 한답니다."

배움을 촉진하는 질문자

수업에서 질문은 학습자가 목표를 이루기 위해 소통하고 참여하면서 깨달음에까지 나아가게 하는 중요한 매개체가 된다. 교사는 수업의 내용과 상황을 고려하여 다양한 사고를 자극하는 질문을 해서 학생들이 스스로 답[12]을 찾을 수 있게 도와주어야 한다. 따라서 수업에서 '배움을 촉진하는 질문'은 수업 상황에 따라 '소통을 일으키는 질문, 참여를 일으키는 질문, 깨달음을 일으키는 질문'으로 나누어 볼 수 있다.

질문 삼각형

그러나 질문을 할 때 그것이 어떤 질문인지 엄밀하게 구별할 필요는 없다. 지금부터 수업에서 좀 더 효과적이고 구체적으로 쓸 수 있는 육면체 질문법을 소개하고자 한다.

육면체 질문법[13]

1) 본질적인 질문 배우는 내용의 본질적 의미를 생각하게 하는 질문

2) 구체적 질문 무엇을 배우는지, 무엇을 해야 하는지를 구체화하는 질문

3) 쉬운 질문 누구나 답할 수 있는 질문

4) 호기심 질문 호기심을 갖게 하는 질문, 더 나아가 교사도 답이 궁금한 질문, 정답이 없는 질문

5) 연결 질문 과거와 현재, 현재와 미래를 연결하는 질문, 지식과 경험과 삶을 연결하는 질문

6) 성찰 질문 메타인지[14]를 활성화할 수 있는 질문

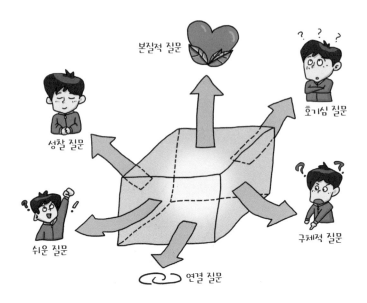

본질적 질문

성찰 질문

호기심 질문

쉬운 질문

구체적 질문

연결 질문

　수업을 시간의 흐름으로 살펴볼 때, 일반적으로 교사는 단원의 앞부분에서는 이 단원을 왜 배워야 하는지에 대한 본질적 질문을, 단원의 끝부분이나 수업의 끝부분에서는 성찰 질문을 하게 된다. 그러나 육면체 질문법에 해당하는 질문들을 어디에 배치해야 할지는 교사가 수업 내용과 전개 과정을 고려하여 적절하게 조합하여 쓸 수 있다.

　나 선생님은 유 선생님의 설명을 들으며 수업 상황과 목적에 따라 육면체 질문법을 활용하고 싶어졌다. 그런데 유 선생님이 말한 대로 CEO, 경청자, 질문자로서 수업을 이끌어 나가면 코칭 교사가 될 수 있

12　'답'은 정답을 뜻하는 것이 아니다. 학생 각자가 생각하는 해답, 즉 '자기 생각'을 의미한다.
13　220쪽 '질문' 참고
14　206쪽 '메타인지' 참고

을까? 어떻게 그런 역할을 수업에 녹여낼 수 있을지 혼란스러워졌다.

"유 선생님, 교사가 CEO, 경청자, 질문자의 역할을 수업에 어떻게 녹여낼
수 있나요?"
"아주 좋은 질문인데, 한꺼번에 너무 많은 것을 배우려고 하면 체해요. 천
천히! 이번 주 수요일에 코칭수업연구회[15]에서 김 선생님이 수업 동영상
을 공유한대요. 그 수업을 본 다음에 김 선생님과 이야기 나눠 보는 것은
어떨까요?"

나 선생님이 코칭수업연구회에 가서 보니 김 선생님은 전에 같이 근
무한 적이 있는 수학 선생님이었다. 오랜만에 뵙는 김 선생님의 모습이
반갑고도 새로웠다. '김 선생님은 CEO, 경청자, 질문자의 역할을 수업
에 어떻게 녹여내고 있을까?' 하는 호기심으로 수업 동영상에 빠져들
었다.

카메라가 전체 교실을 비추고 있다. 교사가 들어와 교탁 앞에 선다.

김 선생님 여러분 안녕? 오늘 기분은 어때요?
승훈 아침 일찍이라 아직 졸려요. 하지만 오늘 수학 모둠 활동으로 문제

---

15 코칭수업연구회는 한 달에 한 번씩 코칭수업을 실천하는 교사들이 모여 수업 시연을 하거나 수업
동영상을 보면서 코칭수업에 대해 이야기하는 모임이다. 학교 일이 바쁘기는 하지만 선생님들은
서로 함께 성장하기 위해 시간을 내고 마음을 내서 모임을 지속하고 있다. 또 코칭수업을 실천할
때 부딪치는 문제들을 함께 이야기하며 생각을 보태고 힘을 북돋아 주는 동료들이 있어 힐링이
되는 시간이기도 하다.

푸는 날이라 지루하진 않을 것 같아요.

김 선생님 승용이는 선생님의 명강의보다 모둠 활동이 더 좋나 보네.

해원 맞아요. 모둠 활동을 하면 설명도 많이 하고 많이 듣고, 질문도 많이 하고 많이 듣고, 생각도 많이 하고…… 무엇보다 시간이 정말 잘 가요.

김 선생님은 지난 시간 배운 내용을 누구나 대답할 수 있는 쉬운 질문으로 확인한다. 그러고 나서 모둠 활동지를 나누어 주자 아이들은 자연스럽게 모둠으로 돌려 앉는다. 김 교사가 "8분, 이제 시작합니다." 하자 아이들은 일제히 문제를 풀기 시작한다.

〈기본〉 원 O에서 $\overline{AD}$ // $\overline{OC}$, ∠COB = 30°이고 부채꼴 COB의 넓이가 3πcm²일 때, 부채꼴 AOD의 넓이를 구하여라.

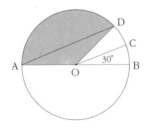

찬영 연정아, 문제 풀리니?

연정 글쎄. 기본 문제는 알 것 같기도 해. 반지름을 두 개의 변으로 가지므로 이등변삼각형이야.

찬영 그럼, 두 밑각이 같겠네.

연정 근데 그 다음을 모르겠어.

현수 (그 말을 듣고 있다가) 와! 나는 됐다! 됐어!

찬영 뭐가 돼?

현수 선분 AD와 OC가 평행하니까, ∠DAO=∠ADO=∠COB=30° 라는 걸 알았거든.

연정 아, 그럼…… 잠깐만 나 먼저 풀어 볼게.

찬영 (현수의 말에 맞장구를 친다.) 정말이네. ∠AOD가 중심각이니까 이것만 알면 되는데, 180°−30°−30°=120° 로 중심각을 아니까 부채꼴의 넓이를 비례식으로 구할 수 있어.

정훈 (아직까지 풀려고 해도 안 풀리는 정훈이도 관심을 가지기 시작한다.) 알아냈어? 나는 모르겠는데.

찬영 내가 알려 줄게. 나 알았어. 자, 봐.

찬영이는 자신이 체득한 것을 알려 준다. 듣고 있던 정훈이도 찬영이의 설명에 이해가 된다. 선생님의 세련된 말보다 어눌해도 모를 때마다 쉽게 설명해 주는 찬영이의 설명이 더 마음에 드는 모양이다.

나 선생님은 보았다. 서로 질문하고 답하는 과정에서 아이들이 스스로 깨달아 가는 과정을! 질문하고 대답하고 경청하는 소통이 학생들 사이에서 자연스럽게 일어나고, 이 과정에서 아이들은 문제를 스스로 해결해 나갔다.

연정 그럼 우리 심화 문제 풀어 볼까? 문제집에서 본 문제인데, 모르겠어. 부채꼴의 넓이일 텐데, 부채꼴을 찾을 수가 없으니.

현수 소가 최대한 움직일 수 있는 영역의 넓이잖아. 그러니까 소의 끈의

〈심화〉 그림과 같이 한 변의 길이가 15m인 정사각형 모양의 꽃밭의 P 지점에 길이가 20m인 끈으로 소를 묶어 놓았다. 소가 최대한 움직일 수 있는 영역의 넓이를 구하여라. (단, 소는 꽃밭 위를 지나갈 수 없고, 끈의 매듭의 길이와 소의 크기는 생각하지 않는다.)

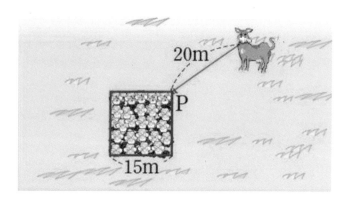

길이가 반지름이 되겠지. 그럼 점 P를 중심으로 원을 그려 보면 이렇게 되겠지.

연정 (현수가 그린 원을 보며) 뭔가 이상해. 이렇게 쉬울 리도 없구.

김 선생님 (이때 김 교사가 가까이 온다.) 여러분 잘 되나요?

정훈 너무 어려워요. 기본 문제를 이해했어도 심화를 풀 수가 없어요.

김 선생님 그래요? 뭐가 문제인가요?

정훈 부채꼴이 안 보여요. 선생님께서 모르면 단원명을 보고 힌트를 얻으라 하셨는데, 부채꼴이 보여야 넓이를 구하지요.

김 선생님 아하, 부채꼴이 안 보여서 힘들었군요. 그럼 그려요. 그리면 되지요. 부채꼴이 보이게.

찬영 사실 저희가 그려 봤거든요. 근데 원이 나와요.

김 선생님 어디 보자. 여러분이 그린 원을 보니 소가 울타리를 넘어 꽃밭을 지나갔군요. 그래도 되나요?

정훈 아니요. 문제에서 소가 꽃밭을 지날 수 없다고 나와 있어요.

찬영 어, 그럼 어떻게 그리지? 일단 울타리에 안 걸리는 부분은 이렇게 그리고, 울타리에 걸릴 때는?

연정 울타리에 걸릴 때는 끈이 짧아지니까 다른 원이 그려지겠지.

현수 그럼 반지름이 끈의 길이에서 울타리 길이를 뺀 값이 되겠네. 이렇게.

정훈 어, 맞아. 나도 이해됐어.

김 선생님 그럼 부채꼴을 그렸으니 넓이를 구할 수 있겠죠?

연정 네, 선생님! 우리 빨리 풀어 보자. 아직 8분 안 됐죠? 저희가 부르면 오셔야 돼요. 우리 모두 설명할 수 있어요.

김 선생님은 아이들에게 별다른 힌트를 준 것 같지 않았다. 아이들이 놓치고 있는 부분을 다시 한 번 확인해 주고 기다려 주었을 뿐이다. 나 선생님은 '나라면 기다리지 못했을 텐데.' 하는 생각이 들었다. 학생들의 긍정적 변화에 대한 믿음이 있었고, 학생들 스스로 답을 찾을 수 있도록 기다리며 적절한 도움을 주는 내공이 보였다.

모둠별로 기본 문제와 심화 문제를 해결하면 아이들은 김 선생님을 부른다. 김 선생님은 모둠 안의 한 아이를 지명하여 두 개의 문제 가운데 한 문제를 설명해 달라고 한다. 그러면 지명된 아이가 문제 해결 과정을 설명하고 그것이 맞으면 모둠에게 스티커를 준다.

해결한 문제를 칠판에 나와서 자발적으로 풀고 설명할 학생이 있는지 김 선생님이 묻는다. 이 말을 기다렸다는 듯이 반 이상의 학생들이 손을 든다. 김 교사는 가위바위보를 통해 설명할 아이들을 가려낸다. 가위바위보에서 진 아이들은 매우 안타까워한다. 발표자가 칠판에 풀이 과정을 적는 동안 자리에 있는 아이들은 이들의 풀이 과정 중 자신과 다른 것을 파랑색 펜으로 정리하고 이해가 되지 않는 부분은 앞에 나온 친구에게 질문한다. 마지막으로 김 선생님이 칠판에 써 놓은 풀이 과정 중 인상적인 부분에 별표를 해 주고 그 이유를 말해 주면 아이들은 친구들의 과정에서 어떤 부분이 더 좋은 과정이었는지 다시 한 번 되새긴다. 그리고 빨강색 펜으로 김 선생님의 말을 노트에 첨삭해 놓는다.

김 선생님 오늘 모둠 활동을 통해 무엇을 배웠나요?

재영 부채꼴의 호의 길이와 넓이는 중심각과 반지름을 알면 구할 수 있다는 것을 배웠어요.

찬영 부채꼴이 안 보이는 문제는 문제의 조건에서 부채꼴을 찾을 수 있어야 한다는 것을 알았어요.

수지 개념을 알아도 문제를 풀면서 응용하는 연습이 필요하다는 걸 깨달았어요. 문제를 보고 바로 풀 수가 없더라고요.

해원 친구의 설명을 듣고 이해한 것을 앞에 나와서 발표하니까 더 확실해지는 기분이 들었어요. 역시 설명하는 것은 공부하는 데 도움이 된다는 것을 알았어요.

(아이들은 저마다 배운 것을 말한다.)

김 선생님 모두 중요한 것을 배웠군요. 이 배움을 그냥 놓칠 수는 없지요. 이 느낌을 'Feeling은 소중해'[16]에 적어 봐요. 시간이 3분 정도 남았어요.

---

16 학생이 배움을 성찰하게 하는 김 교사의 방법으로, '배움일지'와 비슷하다.

김 선생님은 칠판에 아래와 같이 적고 노트에 개인적인 배움과 느낌
을 적게 한다.

Feeling은 소중해
1. AHA (깨달은 점)
2. ? (궁금한 점)
3. ! (느낀 점)

나 선생님은 수업을 보고 오케스트라 연주를 보는 것 같은 느낌이
들었다. 수업 내내 교사의 움직임보다 아이들의 움직임이 주를 이루었
고, 아이들은 자신들이 발견한 것을 공유하고 검증받으며 스스로 배운
것을 정리했다. 김 선생님의 움직임은 매우 작지만 아이들에게 영향을
미치고 있었다. 아이들은 이 수업의 전체적인 구조가 몸에 밴 듯 문제
를 해결해 나가는 과정을 스스로 만들어 갔다.

나 선생님은 수업 동영상을 보고 난 후 코칭 교사가 'CEO, 경청자,
질문자' 이외에 또 다른 역할이 있을 거라는 확신이 들었다. 그래서 김
선생님에게 용기를 내어 물어보았다.

"선생님! 오늘 선생님의 수업 동영상을 통해 정말 많은 것을 배웠어요. 아
이들과 선생님의 상호 작용이 정말 좋아서 마치 오케스트라 연주를 보는
듯했어요. 아이들은 선생님이 만들어 놓은 구조 안에서 자기들만의 하모
니를 이루는 것 같았어요. 제 느낌에는 코칭 교사로서 CEO, 경청자, 질문
자 외에도 수업을 좌우하는 교사의 역할이 더 있을 것 같은데, 그게 뭔지
궁금합니다."

"아이구, 부끄럽네요. 아이들이 모둠 활동을 좋아해서 그래요."

"선생님, 겸손해하지 마시고 비결을 좀 알려 주세요. 선생님처럼은 어렵겠지만 저도 새로운 시도를 해 보고 싶거든요."

"비결이라고 할 것까지는 없고요, 선생님께 도움이 된다면 뭐든지 말씀드리죠. 부끄럽지만 제 수업 설계 노트가 있는데 한번 보실래요?"

[김 선생님의 수업 설계 노트]

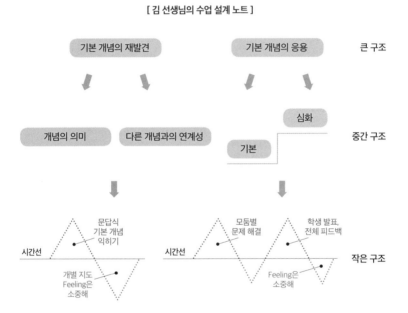

김 선생님은 자신의 수업 설계 노트를 보여 주며 구조 설계자로서의 교사에 대해 이야기해 주었다. 김 선생님은 학생과 교사, 학생과 학생이 상호 작용하는 가운데 아이들 각자가 스스로 지식을 깨우치고 응용하여 문제를 해결하는 수업을 실현해 보려고 수업을 구조화했다고 했다. 김 선생님의 말을 요약하면 이런 내용이었다.

수업 전에 미리 수업을 설계하고 활동을 구조화한 것이 수업을 안정감 있게 이끄는 원동력이 되었다. 그리고 평소에도 이 구조로 수업을 하기 때문에 아이들이 익숙하게 활동할 수 있다. 익숙해진 구조 안에서 아이들은 각자의 내적 자원을 끌어내어 활용하며 새로운 지식과 경험을 만드는 작업을 할 수 있다.

나 선생님은 '수업을 어떻게 구조화할 것인가?'에 대한 고민과 노력이 물 흐르듯 자연스러운 수업을 만든다는 것을 깨닫고, 자기도 수업 안에 흩어져 있는 활동들을 구조화해 봐야겠다는 생각을 했다.

자기만의 코칭수업을 창조하는 구조 설계자

코칭수업에서 구조 설계는 코칭수업 철학을 바탕으로 교사의 내적 자원을 활용해 자기의 교육과정을 만들어 내는 창조적 행위이다. 수업을 구조화할 때는 수업의 목표, 내용, 그리고 방법이 조화롭게 어우러지도록 학습 활동을 배치해야 한다.

수업을 성공으로 이끄는 구조 설계에 관한 일반화된 매뉴얼은 없다. '열린 수업, 협동 학습, 배움의 공동체 수업, 거꾸로 수업' 등의 방법을 자기 고민 없이 그대로 수업에 적용했을 때 실패해 본 경험들이 그것을 증명한다. 코칭수업도 마찬가지다. 교사의 내적 자원을 활용한 재해석 과정이 반드시 필요하다. 다만, 구조 설계의 원칙과 세 가지 층위(큰 구조, 중간 구조, 작은 구조 설계)를 고려하면 조금 더 편리하게 수업을 구조화할 수 있다. 이때 교사가 가지고 있는 실천적 지식은 수업을 구조

[구조 설계의 세 가지 층위]

	큰 구조 설계 (큰 틀)	중간 구조 설계 + 작은 구조 설계 (작은 틀)	
		중간 구조 설계	작은 구조 설계
질문	목표에 도달하기 위해 어떤 단계를 밟아야 하는가?	그 과제를 해결하기 위해 학생들이 무엇을 해야 할까?	•학습 활동을 '쉽게, 안 할 수 없게, 성과가 나게' 하는 활동은 무엇일까? •'참여, 소통, 깨달음'을 어떻게 만들어 낼까?
교사의 할 일	명료한 과제 도출하기	과제에 대한 학생 활동과 전개 과정 등 구획 나누기	학생 활동을 시간과 공간, 학습 자료, 학습 형태, 피드백 방법 등을 고려하여 배치하기
국어 교과 예시	목표 글 요약하기 과제 1단계 : 한 문단 요약 2단계 : 짧은 글 요약 3단계 : 긴 글 요약	1단계 : 한 문단 요약 ① 한 문단을 읽는다. ② 핵심어를 찾는다. ③ 핵심어를 써 한 문장으로 요약문 만들기	① 한 문단을 모둠원이 한 문장씩 돌아가며 소리 내어 읽는다. (모둠, 2분) ② 다시 뜻을 생각하며 묵독하면서 핵심어에 동그라미 한다. (개인, 2분) ③ 모둠원과 함께 뽑아낸 핵심어를 비교하면서 요약에 꼭 필요한 핵심어 5개를 골라낸다. (모둠, 5분) ④ 모둠에서 선택한 5개의 핵심어로 한 문장으로 요약한다. (개인, 4분) ⑤ 한 문장 요약을 모둠에서 비교해 보고 피드백한다. (모둠, 5분) ⑥ 발표를 통해 전체 공유하고 피드백한다.
수학 교과 예시	1단계 : 기본 개념의 재발견 2단계 : 기본 개념의 응용	2단계 : 기본 개념의 응용 기본, 심화 단계별 문제를 자신의 말과 수학적 표현으로 과정 설명하기	① 모둠별로 문제 해결 ② 개인 → 모둠 (8분) ③ 해결된 문제 교사에게 설명하기 (17분) ④ 학생 해결 과정 발표를 통해 전체 공유, 피드백 (15분) ⑤ 새롭게 알게 된 지식, 기억하고 싶은 지식 정리 (5분)

화하는 데 큰 도움을 준다.

수업 구조를 설계하는 일은 시간과 노력이 많이 드는 일이다. 그러나 수업 구조 설계는 교사와 학생을 모두 배움과 성장으로 이끌 수 있다. 교사가 수업 구조를 설계하는 시간은 곧 자기의 교육과정을 만드는 시간이며, 전문가로서 성장할 수 있는 의미 있는 시간이라 하겠다.

김 선생님이 말한 내용을 요약하면 이렇다.

구조 설계자로서 교사가 수업을 기획하고 안정화하기까지는 충분한 시간적 여유가 필요하다. 설계한 구조를 수업에 적용하고 수정하는 과정을 거치면서 좀 더 세련된 구조로 거듭날 수 있다. 처음부터 큰 욕심을 가지기보다는 하나씩 해 보면서 완성해 가는 과정이 더 의미 있다.

"구조를 설계하는 일은 시간과 노력이 많이 드는 일이지만, 각 수업을 자신과 아이들에게 맞게 재창조하는 과정입니다. 하지만 이를 위해서는 또하나의 역량이 필요해요."

"CEO, 경청자, 질문자, 구조 설계자 이외에 또 다른 것이 있나요?"

"네, 코칭 교사는 마지막으로 성찰자여야 해요."

학생과 교사를 이롭게 하는 성찰자

우리 민족의 정신문화를 대변하는 '홍익인간'은 추상적인 개념이 아니라 인류의 삶을 끊임없이 발전시키는 실천적인 개념이다. 마찬가지로 교사가 성찰자라는 말은, 이번 수업에서 깨달은 것을 다음 수업에 적용해 수업을 발전시키는 실천적 개념이다. 교사는 학생들을 이롭게 하는 존재인 동시에 자신도 이롭게 하는 존재여야 한다.

수업 활동에 직접 참여하는 학생들은 자신의 말과 행동의 의미를 미처 생각하지 못하는 경우가 의외로 많다. 이때 교사는 학생들이 배움을 성찰하도록 돕고, 학생들 스스로 성찰자가 되도록 도울 필요가 있다. 그렇게 하기 위해 교사가 먼저 수업을 되돌아보는 성찰자가 되어야 한다. 이와 같이 교사가 성찰자라는 말은 학생이 스스로 성장할 수 있도록 학생의 성찰을 돕는다는 의미와 교사가 자신의 수업을 되돌아보며 스스로 성장한다는 의미를 함께 가진다.

지금까지 살펴본 코칭 교사의 모습들을 정리하면 다음과 같다.

코칭 교사란 무엇인가?

기본적으로 코칭 교사는 코칭수업의 네 가지 철학에 동의하고 그것을 수업에서 실현하는 교사이다.

코칭 교사는 'CEO, 경청자, 질문자, 구조 설계자, 성찰자'로서 학생의 배움에 도움을 주는 역할을 한다. 그러기 위해서 교사는 경청, 질문, 성찰 등의 역할을 잘 수행하며 동시에 학생들이 그런 능력을 키울 수 있도록 본보기가 되어 준다. 코칭 교사는 또한 자신의 경험적·실천적 이론을 더욱 발전시킨다. 수업의 구조를 설계하여 다양하게 시도해 보고, 성찰하고, 피드백하는 과정에서 자기만의 교육과정을 만들어 낸다. 교사가 만들어 낸 교육과정은 코칭수업 철학을 바탕으로 개인적 관심사, 교육 이론, 코칭 이론을 버무려 반성적 실험으로 만든 실천적 지식이다. 따라서 교사가 직접 수업을 설계하고 실천하여 만든 교사 교육과정은 이 세상에 하나밖에

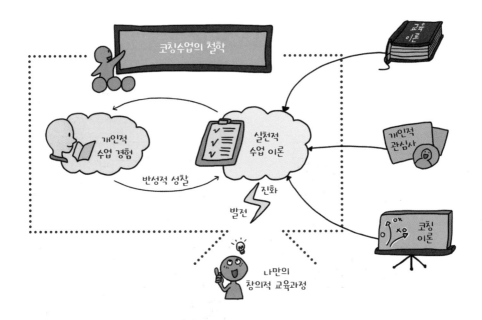

없는 교육과정이다. 물론 이것은 완벽한 것도, 고정불변의 것도 아니다. 교사가 지속적으로 실천하면서 더욱 진화하고 발전하는 창조적인 교육과 정이다.

코칭수업에서 지향하는 교사의 모습

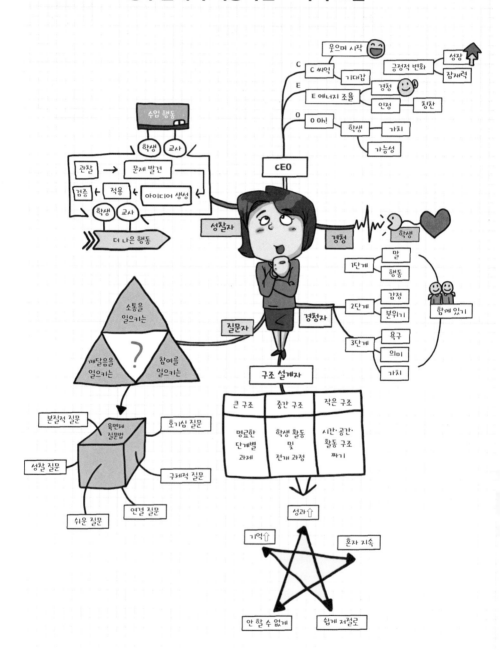

수업을 고민하시는 선생님께

● 선생님이 지향하는 교사는 어떤 모습인가요?

● 코칭수업에서 지향하는 교사의 모습 가운데 자신이 개발하고 싶은 부분은 무엇인가요?
그 이유는 무엇인가요?

4

코칭수업 설계

코칭수업 설계의 큰 틀

코칭수업을 하기 위해 무엇을 어떻게 설계할 것인가? 코칭 프로세스에 기반을 둔 수업 설계 프로세스를 살펴보며 그 질문에 대한 해답을 찾아보자.

코칭수업 설계 프로세스는 주로 단원을 설계할 때 적용할 수 있다. 코칭 프로세스에 따라 7단계로 구성되어 있는데, 여러 선생님에게 적용해 본 결과 각자의 경험에 따라 절실하게 와 닿는 단계가 저마다 달랐다. 따라서 처음 시도하는 경우에는 전체 과정을 다 하려고 하지 말고, 해 보고 싶은 한두 단계만 골라서 해 보기를 권한다. 어느 정도 익숙해진 다음에는 전체 과정을 시도해 볼 수 있다.

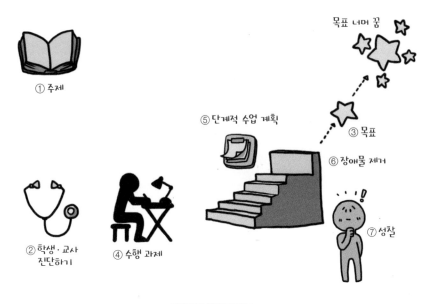

① 주제

⑤ 단계적 수업 계획

목표 너머 꿈

③ 목표

⑥ 장애물 제거

② 학생·교사 진단하기

④ 수행 과제

⑦ 성찰

코칭수업 설계 프로세스

① 주제

Q 이 단원의 주제는 무엇인가?

교육과정에 있는 성취기준을 확인하고 단원에서 배워야 할 주제를 뽑아낸다. 성취기준이 여러 개일 경우, 관련성이 있는 성취기준은 주제를 중심으로 합친다.

② 진단

Q 우리 학교 학생들의 수준과 특성은 어떠한가?

Q 이 단원을 가르치기 위해 참고할 만한 자료는 무엇인가?

학생과 교사의 현재 상태를 진단한다. 학생의 수준이나 이전 학년에서 배웠던 내용, 학생의 요구, 우리 학교 학생들의 특성 등을 반영한다.

교사는 자신이 그 단원을 가르칠 채비가 얼마나 되어 있는지 스스로를 진단하고, 어떻게 전문성을 확보할 것인지 고민한다.

③ 목표

Q 이 단원에서 학생들이 이해해야 할 것은 무엇인가?

Q 이 단원을 통해 기르고자 하는 역량은 무엇인가?

Q 설정한 목표와 역량은 학생들의 삶에 어떤 의미가 있는가?

교사와 학생이 수업을 통해 이르고자 하는 단원의 목표이다. 교사는 학생들이 이해해야 할 지식, 기능, 태도를 목표로 정하고, 그것을 통해 기르고자 하는 역량이 무엇인지 생각해 본다. 이때 그 목표와 역량이 학생들의 삶에 어떤 의미가 있는지를 '목표 너머 꿈'과 연결해 생각해 본다.

④ 수행 과제

Q 설정한 목표를 달성했다는 것을 알 수 있는 수행 과제는 무엇인가?

수행 과제는 수행평가나 숙제가 아니다. 수행 과제는 설정한 목표를 달성하기 위해 수업 시간에 학생이 직접 이행하는 과제를 뜻한다. 수행 과제를 설정할 때에는 수행의 상황을 생각해 본다. 이때 학생의 삶과 관련된 실질적인 과제를 계획하여 학생들에게 흥미와 도전감을 주면 좋다. 따라서 수행 과제는 프로젝트 형태로 제시할 수도 있다.

⑤ 단계적 수업 계획

Q 목표와 수행 과제를 어떤 단계별 활동을 통해 완수할 것인가?

Q 각각의 활동은 어떻게 구조화할 것인가?

목표와 수행 과제에 이르기 위한 활동을 만들어 낸다. 그리고 활동의 위계를 고려해 실행할 수 있도록 활동을 단계적으로 배치한다. 활동은 '코칭수업 설계의 작은 틀'[17]을 참고하여 구조화하여 배치한다.

⑥ 장애물 제거

Q 활동을 방해하는 장애물을 어떻게 제거할 것인가?

Q 필요한 자원이나 도움을 어떻게 확보할 것인가?

'단계적 수업 계획'과 차시별로 '구조화된 활동'을 다시 확인하면서 수업을 진행해 나갈 때 방해가 될 수 있는 요소를 생각해 보고 이를 제거하기 위한 방법을 모색한다. 주로 수업을 방해하는 요인은 시간과 공간의 문제인 경우가 많다. 활동을 계획할 때 활동 사이사이 시간적 여유를 두는 것이 좋고, 교실에서부터 복도나 운동장 등으로 공간을 확장해 가면서 학교 공간을 최대한 활용할 수 있는 방법을 생각해 본다.

⑦ 성찰

Q 이 단원의 목표와 수행 과제와 단계별 수업 계획이 일관성 있는가?

수업 설계의 1단계부터 6단계까지 전체를 다시 한번 되돌아보면서 성찰한다. 이 단계에서 '목표'와 '수행 과제(내용)'와 '단계별 수업 계획(방법)'이 일치하는지를 점검한다. 물론 성찰은 수업을 설계하는 마지막 단계에서만 일어나는 것은 아니다. 수업을 설계하는 도중 앞 단계에 대한 성찰이 일어날 때마다 그때그때 수정하고 보완할 수 있다.

---

17 118쪽 '코칭수업 설계의 작은 틀' 참고

코칭수업 설계의 큰 틀

① 주제	② 학생·교사 진단하기
Q 단원의 주제(성취기준)는 무엇인가? ✓ 단원 성취기준 확인 ✓ 대단원 주제 선정 ✓ 주제와 관련 있는 성취기준 통합	**Q1** 우리 학교 학생의 수준과 특징은 어떠한가? **Q2** 이 단원을 가르치기 위해 참고할 만한 자료는 무엇인가? ✓ 주제와 관련한 학생 수준, 이전에 배운 내용, 학생 요구 등 ✓ 교사 자신의 준비 상태, 전문성을 확보할 수 있는 방법 등
③ 목표 & 목표 너머 꿈	**④ 수행 과제**
Q1 학생들이 이해해야 할 것은 무엇인가? **Q2** 기르고자 하는 역량은 무엇인가? **Q3** 설정한 목표와 역량은 학생들의 삶에 어떤 의미가 있는가? ✓ 핵심 원리(질문) 추출 ✓ 핵심 역량 추출 ✓ 위 핵심 원리을 가르치고 배워야 하는 궁극적 의미 - Why 점검	**Q** 설정한 목표를 달성했다는 거을 알 수 있는 수행 과제는 무엇인가? ✓ 수행의 맥락 및 상황 설정 ✓ 수행 미션 만들기 ✓ 평가 기준 만들기

⑤ 단계적 수업 계획

Q1 목표와 수행 과제를 어떤 단계별 활동을 통해 완수할 것인가?

✓ 목표 달성 및 수행을 위한 비계 놓기

Q2 각각의 활동은 어떻게 구조화할 것인가?

✓ 작은 틀로 구조화

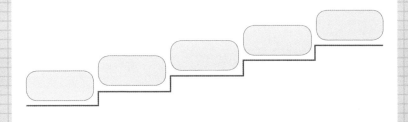

⑥ 장애물 제거	⑦ 성찰
Q1 활동을 방해하는 장애물을 어떻게 제거할 것인가? **Q2** 필요한 자원이나 도움을 어떻게 확보할 것인가?	**Q1** 단원의 목표와 수행 과제와 단계별 수업 계획이 일관성 있는가? **Q2** 이번 수업 설계를 통해 깨달은 점은 무엇인가?
✓ 시간, 공간 등 방해 요소 제거 방법 ✓ 필요한 자원 또는 도움 확보 방법	✓ 각 단계 점검 ✓ 수업 설계 후 깨달은 것

코칭수업 큰 틀 설계 방법

코칭수업의 큰 틀은 대단원 혹은 중단원의 큰 틀을 설계하는 도구입니다.

Q1 코칭수업 큰 틀 설계를 해 봐야겠다는 생각이 드나요?

예	아니오
먼저 성취기준 관련 교육 내용(교과서 등)을 확인해 보세요.	해 봐야겠다는 마음이 들 때까지 기다리세요.

Q2 코칭수업 큰 틀 설계가 처음이신가요?

예	아니오
7단계 중 해 보고 싶은 두세 단계만 질문에 답해 보세요.	각 단계가 어느 정도 익숙해졌다면 전체 단계를 시도해 보세요.

Q3 7단계까지 나아가는 데에 막힘이 있나요?

예	아니오
자기를 점검해 봐야 합니다. 2단계의 두 번째 질문을 확인하세요. 생각이 농익을 때까지 기다리세요. 단, 시간 날 때마다 어떻게 할지 생각해 보세요.	수업 설계에 소질이 있으시네요.

'수행 과제'와 '단계별 수업 계획'을 설계할 때에는 기존 수업에서 했던 방식 말고 좀 더 새로운 방식을 생각해 보세요.

Q4 갑자기 앞 단계를 수정하고 싶으신가요?

예	아니오
성찰이 일어나셨군요. 수정해도 됩니다. 각 단계를 순차적으로 진행하되 앞 단계를 수정하고 싶으면 언제든지 왔다 갔다 하면서 설계하세요. 앞뒤로 오가는 방식으로 설계하세요.	계속 진행해 가세요.

Q5 큰 틀 설계의 질문이 정확하게 이해가 되지 않나요?

예	아니오
함께 제시한 수업 설계 사례를 참고하세요. 자기가 해석한 방식대로 마음대로 설계해 보는 것이 더 창의적인 결과를 가져올 수도 있습니다.	질문에 대해 해석하고 이해하는 능력이 뛰어나시네요. 계속 진행해 나가세요.

Q6 큰 틀 설계가 끝나셨나요?

예	아니오
'단계별 수업 계획'을 구체화할 수 있는 코칭수업의 작은 틀 설계로 넘어가셔도 됩니다. 작은 틀로 차시별 수업을 구조화해 보세요.	고민을 거듭할수록 좋은 수업 설계가 나올 것입니다.

코칭수업 설계의 작은 틀

코칭수업에서 구조화란 수업 설계에 따라 수업의 요소나 내용을 적재적소에 배치하거나 또는 배치해 놓은 것을 말한다. 수업 목표를 달성하기 위한 '단계적 수업 계획'을 마련했다면 이제는 차시별로 활동을 배치하고 구획을 나누어야 한다. '어떻게 구조화할 것인가?'에서는 수업을 구조화하기 위한 요소와 방법을 함께 살펴보게 된다.

수업은 크게 '마중물(5~8분 정도), 전개(25~35분 정도), 마무리(5~8분 정도)'로 진행된다. 각 부분의 세부적인 구조는 교사가 개인의 실천적 노하우를 가지고 수업 요소들을 선별하고 변용해서 완성해 나간다.

클리어링, 복습, 진단,
목표 세우기, 메시징

새로운
경험+지식

마중물

코칭
수업

수업 목표 달성

이미 획득한
경험+잠재력

① 마중물

마중물은 수업의 도입 부분에서, 학습자가 수업을 준비하며 배움이 일어나기에 가장 좋은 상태로 만드는 활동이다. 또 마중물은 수업에서 얻게 될 새로운 경험과 지식을 학생의 이전 경험과 연결될 수 있도록 돕는다. 마중물은 '메시징, 클리어링, 복습, 진단, 수업 목표 세우기' 등의 활동으로 이루어진다.

생화학자이자 생물학자로서 인간의 학습을 연구한 줄(James E. Zull)은 "외부의 영향이나 강요는 뇌를 학습하게 만들 수 없다. 학습을 도우려면 뇌가 스스로 결정하게 해야 하며 그것이 학생의 삶에 얼마나 중요한 의미인지 알게 해 주어야 한다. 이 과정에서 학생의 감정은 중요한 요소로 작용한다."라고 말한다. 이는 코칭수업에서도 중요하게 생각하는 부분이며, 교사가 마중물을 고민할 때도 이 말을 의식하고 마중물을 구조화해야 한다.

클리어링(CLEARING)[18] — 배움의 방해 요소 제거

클리어링은 수업 목표를 이루기 위해 배움에 방해가 되는 요소를 제거하는 활동이다. 교사가 가지고 있는 여러 가지 선입견(1교시 수업은 정말 싫어. 2반에 누구 때문에 기분이 나빠. 3반은 나와 코드가 맞는데 4반은 정말 안 맞아……), 그리고 학생들이 가지고 있는 교과에 대한 선입견(수학은 정말 싫어. 국어는 우리말인데 어려워. 영어는 다른 나라 말이라 더 어려워……), 추위나 더위 같은 환경적 요인 등 배움에 방해가 되는 요소들을 확인하고 없애는 것이다. 이러한 방해 요소를 없애기 위해 아래와 같이 단계적으로 클리어링을 시도해 볼 수 있다.

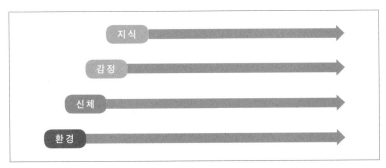

클리어링의 단계

18 223쪽 '클리어링' 참고

클리어링을 할 때 각 순서에 연연할 필요도, 4단계를 모두 다 할 필요도 없다. 학생들의 배움에 방해가 되는 부정적인 요소들을 중립적으로 전환하여 배움이 더 잘 일어나도록 돕는 것이 중요하다.

복습[19] 및 진단

교사들에게 가장 도움이 되는 교수법은 기존의 신경세포망 위에 새로운 지식을 쌓을 수 있는 방법을 찾아내는 것이다.[20] 이와 같이 생물학에 뿌리를 둔 교수법은 학생들이 이미 알고 있는 것에서 시작해 거기에서부터 새로운 것을 쌓아 나가는 것이 효과적이라고 말한다. 따라서 사전 지식 점검이나 복습은 오늘 배울 새로운 내용을 학생들이 이미 알고 있는 내용과 연결시키는 의미 있는 활동이라 하겠다. 이에 대한 구체적인 설명은 4장에서 자세히 소개할 것이다.

수업 목표 세우기[21]

학생 스스로 수업 목표를 세우는 활동은 매우 의미가 있다. 코칭수업에서는 학생이 스스로 자신의 목표를 세우도록 하여 배움의 상황을 자신이 스스로 통제하는 경험을 하게 한다. 학생들은 마중물에서 학습 내용, 도달 수준, 학습 태도 등의 측면에서 각각의 목표를 세우고, 이를 수업의 마무리 단계에서 확인한다. 학생들은 자신의 배움을 스스로 확인하고 성찰하는 경험을 통해 더 분명한 배움과 성장으로 나아갈 수 있다. 이는 코칭수

19 210쪽 '복습' 참고
20 제임스 E. 줄, 《뇌를 변화시키면 공부가 즐겁다》, 돋을새김, 2011
21 216쪽 '수업 목표 세우기' 참고

업에서 지향하는 학생의 모습이기도 하다.

② 전개 — 활동 배치

학생들이 자발적으로 참여하여 몰입하는 시간이 진짜 배움의 시간
이다. 마중물을 통해 수업의 에너지를 긍정적으로 만들었다 하더라도
수업이 단조롭거나 명료하지 않으면 학생들의 몰입과 집중력을 떨어
뜨릴 수 있다. 따라서 수업은 목표, 내용, 그리고 방법이 조화롭게 일치
하도록 구조화되어야 한다. 교사는 목표와 연결된 과제를 명료화하고,
활동을 시간의 구획으로 나누어 배치하면서 수업이 자연스럽게 흐르
도록 구조화해야 한다. 이러한 유의점을 고려하여 수업을 구조화하는
간단한 방법을 소개하고자 한다.

타임라인(TIME LINE)을 기준으로 위쪽에는 동적인 활동[22]을 아래쪽
은 정적인 활동[23]을 배치한다.

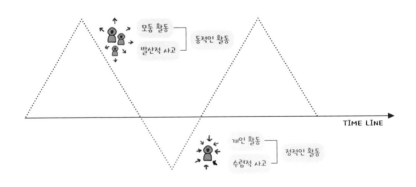

수업을 구조화하는 방법

---

22 발산적 사고를 하게 하는 활동
23 수렴적 사고를 하게 하는 활동

동적인 활동과 정적인 활동은 상대적 개념이다. 따라서 정적 활동과 동적 활동을 엄밀하게 나누기 위해 애쓰는 것은 큰 의미가 없다. 교사가 정적 활동인지 동적 활동인지를 판단하여 타임라인에 그리면 된다. 중요한 것은 동적인 활동과 정적인 활동을 균형 있게 배치하여 학습자의 배움이 일어나기 좋은 상태로 에너지를 조율하는 것이다.

이를 위해서는 첫째, 과제가 명료하고, 과제를 수행하기 위한 활동이 명확하게 구조화되어야 한다. 과제가 명확할 때 학생들은 움직이기 시작한다. 과제를 해결하기 위해 움직이는 동안 학생들은 자기 생각을 만들고, 생각을 공유하고, 질문하는 등 소통과 참여가 활발해진다.

둘째, 학생들의 에너지가 배움으로 이어질 수 있도록 활동이 다양한 방법으로 변주되어야 한다. 동적 활동 혹은 정적 활동만 계속할 경우에 학습자는 쉽게 수업의 목표를 잃거나 집중력을 잃게 된다. 따라서 동적 활동과 정적 활동을 균형감 있게 배치하는 것이 중요하다. 또한 동적 활동이나 정적 활동의 변주 말고도 다양한 방법으로 변주할 수 있다는 것을 알고 수업을 구조화해야 한다. 힐베르트 마이어(Hilbert Meyer)가 그의 저서인 《좋은 수업이란 무엇인가?》에서 소개한 '다양한 방법적 전개 과정'은 수업에서 다양한 방법적 변주를 어떻게 할 수 있는지 보여 주는 예이다.

다양한 전개 과정[24]

- 지도의 노선 수업은 교사 주도로 시작할 수 있고, 또 그에 상응하는 학생 활동으로 마감될 수 있다. 반대로 수업은 학생 활동에서 교사 중심적인 정리로 끝낼 수 있다.

---

24 힐베르트 마이어, 《좋은 수업이란 무엇인가?》, 삼우반, 2011

- **친소성의 노선** 수업의 전개는 친숙한 것에서 낯선 것으로 하거나 그 역방향으로 진행할 수 있다.
- **감정의 노선** 수업의 전개는 주제에 대한 감성적이고 전인격적인 관여에서 시작하여 이성적이고 개념적인 해명으로 진행하거나 그 역방향으로 진행할 수 있다.
- **추상화의 노선** 수업의 전개는 추상적인 것에서 구체적인 것으로 또는 구체적인 것에서 추상적인 것으로 진행할 수 있다.
- **복잡성의 노선** 수업의 전개는 단순한 것에서 복잡한 것으로 또는 그 역방향으로 진행할 수 있다.
- **참여 단위의 노선** 개인 활동, 모둠 활동, 전체 활동의 배치 순서를 정할 수 있다.

셋째, 활동을 배치할 때 시간의 분배를 고려해야 한다. 행동주의 수업 연구자인 캐럴(John B. Carroll)은 '학습 성과'를 "교사가 제공한 학습 시간과 학생이 실제로 소비한 학습 시간 사이의 비례"라고 정의하였다. 그는 시간을 세 가지로 나누어 구별한다.

① 과제의 난이도와 학생의 재능에 비추어 꼭 해야 하는 학습 시간
② 교사 또는 수업 시간표와 교육과정에 따라 제공한 학습 시간
③ (동기 부여, 지구력, 그리고 흥미에 따라 영향을 받아) 학생이 사실적으로 쓴 학습 시간

이를 고려하여 활동에 적절히 시간을 분배해야 학생들이 제대로 배울 수 있다. 일반적으로 활동 시간을 8분에서 15분 사이로 구획하라고 하지만 활동의 구성과 구조에 따라 적절한 시간을 부여하는 것이 바람직하다. 또한 전혀 새로운 구조를 적용해 볼 경우에는 활동과 활동 사이에 시간적인 여유를 주면 훨씬 여유롭게 진행할 수 있다. 또 시시각

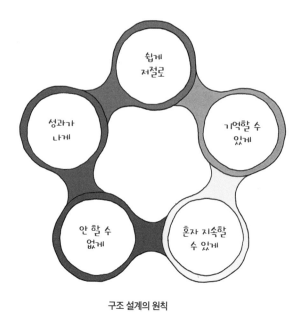

구조 설계의 원칙

각 변하는 수업 상황에서 수업의 구조들을 순조롭게 풀어 나가려면 교사가 학생들에게 안내하거나 연결하고 마무리해 주는 시간이 필요하다. 그래야 하나의 활동을 마무리하고 다른 활동으로 넘어갈 수 있어 활동이 명료해진다.

넷째, 수업 활동을 설계할 때에는 다섯 가지 요소를 고려하면 좋다.

- 쉽게 저절로 교사와 학생이 누구나 쉽게, 저절로 할 수 있고, 성공 경험을 맛볼 수 있는 구조로 설계한다.
- 기억할 수 있게 수업 목표와 연결된 과제를 기억하기 쉬운 구조로 설계해야 한다.
- 혼자 지속할 수 있게 학습자가 혼자서 지속할 수 없다면 아무리 좋은 방법도 성공하기 어렵다.

- 안 할 수 없게 학생들에게 반드시 필요한 경험이라면 그것을 안 할 수 없는 구조를 설계한다.
- 성과가 나게 수업 목표를 실제로 달성할 수 있어야 하며, 이러한 성과를 수업 마무리에서 확인할 수 있는 구조면 더 좋다.

③ 마무리

수업을 마무리할 때에는 학생이 스스로 수업 목표에 도달했는지 확인하고, 배운 내용을 복습하고, 자신이 활용할 수 있는 지식으로 바꾸고, 활동을 되돌아볼 수 있는 시간을 준다.

이러한 과정을 거듭하면 학생들이 스스로 학습할 수 있는 힘이 생기기 때문에 더 성장을 할 수 있게 된다. 또한 마무리 활동에서 느낀 학습자의 감정과 깨달음은 수업 후에도 배움을 지속하게 하는 커다란 활력소가 된다.

코칭수업 설계의 작은 틀

주 제	이 수업의 주제는 무엇인가? (성취기준, 학습목표 등)	목표 너머 꿈	수업을 통해 이루고 싶은 꿈은 무엇일까?
		역 량	수업을 통해 학생들이 가지게 될 역량은 무엇일까?
		활 동	어떤 활동으로 수업을 구성할까?

• 시간 배분
• 어떤 활동+어떤 내용
• 주의할 점(특이점)

─── ── ─── ──── ─── ──── ─── ─── ── ──

예) 정 – 동 – 정
개인 – 모둠 – 전체
경험 – 깨달음 – 이론

성 찰	• 코칭수업 설계 과정을 통해 새롭게 얻게 된 것이나 느낀 것은 무엇인가? • 수업 실행 후 잘한 점과 개선하고 싶은 것은 무엇인가?	장애물 제거	• 필요한 자원이나 정보는 무엇일까? • 예상되는 장애 요소는 무엇일까? 그것을 어떻게 극복할까?

나와 관련된

- 학생의 눈높이에 맞는 내용인가?
- 배울 내용이 학생의 삶과 어떻게 연결되어 있나?

자율권과 선택권

- 어떻게 학생 스스로 결정하고 행동하게 할까?
- 어떻게 다양한 선택의 기회를 줄까?

활동 구조

- 활동 구성원 수는?
- 모두 참여할 수 있는 구조는 무엇일까?
- 구조 설계의 원칙 가운데 어떤 것에 집중해서 수업을 설계할까?

소통

- 무엇을 질문하고, 어떻게 피드백 할까?
- 교사와 학생, 학생과 학생이 어떻게 협력할 수 있을까?
- 깊고 넓게 생각하고 공유할 수 있는 방법은 무엇일까?

깨달음

- 어떤 성찰 질문을 할까?
- 어떻게 잘 기억하게 할까?
- 수업의 경험과 느낌을 어떻게 정리하게 할까?

코칭수업 작은 틀 설계 방법

1. 수업의 흐름(flow)을 정하세요.

주제	• 자서전 쓰기 • 학습 목표 : 개인의 삶을 성찰하고 계획하는 글을 쓸 수 있다.	목표 너머 꿈	스스로 성찰하는 힘 갖기
		역량	상징적 의미 파악 능력, 성찰 능력, 공감 능력
		활동	• 동화책 읽기 • 삶의 모습 표현하기

수업 주제를 가지고 '목표 너머 꿈', '역량', '활동'을 정하는 과정이다. 이 과정을 통해 '목표 너머 꿈'을 향한 수업의 큰 흐름을 구상할 수 있다.

2. 마음에 와 닿는 것부터 선택하세요.

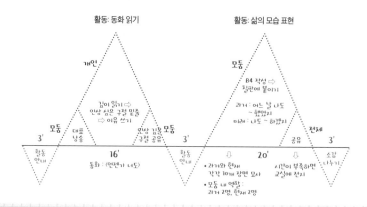

수업 설계의 큰 흐름을 정했다면 다음은 세부적인 계획을 짜는 단계이다. 각 항목의 코칭 질문에 모두 답할 필요는 없다. 가장 마음에 와 닿는 질문부터 선택하여 수업을 설계하기를 권한다.

3. 익숙해졌다면, 질문을 버리고 경험을 바탕으로 설계하세요.

주제	•자서전 쓰기 •학습 목표: 개인의 삶을 성찰하고 계획하는 글을 쓸 수 있다.	목표 너머 꿈	스스로 성찰하는 힘 갖기
		역량	상징적 의미 파악 능력, 성찰 능력, 공감 능력
		활동	•동화책 읽기 •삶의 모습 표현하기

나와 관련된
•쉽지만 상징적이어서 다양하고 깊이 있게 해석될 수 있는 텍스트 선정 - 동화〈언젠가 너도〉
•자서전을 쓰기에 어린(?) 나이인 점을 감안하여 태어나서 죽을 때까지 보편적인 삶의 모습을 바라볼 수 있는 동화 내용 선정

자율권과 선택권
•동화책 전체를 읽되, 인상 깊은 구절에 밑줄 긋는 활동을 학생이 스스로 원하는 만큼 하게 함.

활동 구조
•모둠 활동은 4명씩
•시간을 융통성 있게 주되, 모둠별 활동이 끝나는 대로 칠판에 붙이도록 해서 참여를 독려함.
•'성과가 날 수 있도록' 과거와 미래 각각 10개씩 장면을 떠올리도록 지정해 줌.

소통
•학생 활동이 이루어질 때 우수 사례를 공유
•모둠별로 동화책을 읽고 인상 깊은 구절에 대한 감상을 나눔으로써 모둠원 간 소통과 교감을 높임.
•모둠 읽기 외에도 개인이 다시 읽어 책의 내용을 깊이 있게 감상할 시간을 줌.

깨달음
•학생들의 활동 내용을 바탕으로 질문하되, 인생의 밝음과 어두움, 과거와 현재, 미래의 연결에 대해 일깨움.
•수업에 대한 소감 나누기 꼭! : 2~3명 발표로 정리

☑나와 관련된 □자율권과 선택권 ☑활동의 구조 ☑소통 □깨달음

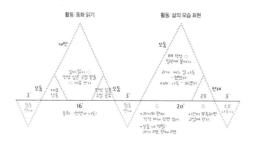

성찰	동화에 대한 감상을 나누는 시간이 길어져 '어느 날', '언젠가' 모둠 활동 시간이 부족함. 그래서 모둠 안에서 '어느 날'을 2명이, '언젠가'를 2명이 하도록 수업 중간에 역할을 나눠 줌.	장애물 제거	•동화책 최소 모둠 당 1권 구입. 개인 독서를 위해 텍스트만 편집해서 복사. •모둠별로 비슷한 결과가 나올 수 있으므로 '장면'으로 묘사하게 하자.

너무 긴 시간을 수업 설계에 투자하지 마세요! 교사 스스로 피곤하지 않고 효율적인 방법을 선택하세요.

3 장

코칭수업
적용하기

성실하게 파고들었던 우리의 고민들이 녹아 있는 단어들
공감과 존중의 소통, 배움의 즐거움을 되살리는 몰입과 참여, '아하!'의 경험
……
나는 지금 어느 지점에 서 있을까?

1

소통을 잘하기 위한 방법

질문 왜 소통을 고민해야 할까?

나 선생님 지금부터 가치 경매 활동[25]을 하겠습니다. 모둠별로 국가가 추구해야 하는 가장 바람직한 가치 세 가지를 정합니다. 주어진 가치들 중에서 모둠원의 의견을 모아서 정하면 됩니다. 시간은 5분 드리겠습니다. 시작!

(모둠별로 토론하며 가치 경매 활동을 한다.)

나 선생님 경매에서 낙찰 받은 모둠은 그 가치가 왜 중요한지 발표해 보겠습니다. 발표 준비 시간은 2분 드리겠습니다.

---

25 가치들을 적어 놓은 종이에 자신이 사고 싶은 항목을 정해 금액을 적고 경매를 하는 활동이다.

나 선생님 (2분 후) 준비됐나요? 1모둠부터 발표하겠습니다.

하윤 저희 모둠은 자유를 낙찰 받았습니다. 자유는 네 명이 다 중요하다고 생각했어요. 그리고 저희는 간섭받는 게 제일 싫기 때문입니다.

나 선생님 잘했어요. 2모둠 발표해 주세요.

진명 저희는 평등입니다. 왜냐하면 사람들은…….

나 선생님 진명아, 잠깐. (목소리를 높이며) 얘들아, 너희 지금 적고 있니? 적어야 하는데 왜 이렇게 집중이 안 되지?

수민 (동성이를 쳐다보며) 야, 어디다 적어야 되냐?

동성 선생님, 아까 1모둠 못 들었어요. 다시 불러 주세요.

나 선생님 그러니까 잘 들어야지. 1모둠은 자유야. 그게 중요한 이유는 간섭받는 게 싫고 민주주의에서는 자유가 기본적인 가치이기 때문이야. 이제 됐지? 자, 2모둠 진명이 다시 발표해 주세요.

나 선생님은 활동 수업이 생각처럼 진행되지 않아 속상해한다. 학생들이 경험하고 활동하는 가운데 배우고 깨닫기를 바라기 때문에 수업에서 소통을 고민한다. 그래서 수업을 준비할 때 개별 활동과 모둠 활동의 시간을 고려하고, 이것을 전체적으로 어떻게 공유할까도 생각한다. 그런데 학생들의 활동이 중심이 되는 수업은 대체로 소수의 잘하는 학생들 중심으로 활동이 이루어진 채 결과물이 나오는 경우가 많다. 그런 수업을 자세히 들여다보면, 모둠 활동에서 눈치를 보며 자기 의견을 말하기를 꺼려하거나, 내 의견만 이야기하고 남의 의견을 전혀 듣지 않는 학생들이 있어서 모둠 활동이 제대로 이루어지지 않는 모습이 보인다. 심지어는 말없이 서로 활동지만 돌려 보며 적는 모둠도 있다. 그리고 학생들이 모두 활동에 참여했을 때에도 전체 공유 시간에는 듣고 말하는 것이 제대로 이루어지지 않기도 한다. 소통에 대해 신경을 쓰고 있고 소통의 모습도 보이는데, 수업을 하고 나면 왜 답답함을 느낄까?

고민 소통이란 무엇일까?

수업을 마치고 지쳐 있는 나 선생님에게 유 선생님이 다가와 커피 한 잔을 건네주셨다.

> "요즘은 커피 한 잔 할 여유도 없어. 힘들죠?"
>
> "방금 가치 경매 활동 수업을 했는데, 목이 너무 아파요. 학생들이 가치를 내면화하는 것이 중요할 것 같아서 토론 수업을 계획했어요. 자신의 경험을 이야기하고 다른 친구들의 경험도 들으면서 가치가 자신의 삶과 밀접하다는 것을 알기를 기대했어요. 그런데 모둠의 의견을 발표할 때 떠들기만 하고 제대로 듣지를 않고, 제 말도 잘 안 듣더라고요. 아휴, 정리하고 나오느라 정말 힘들었어요."
>
> "그러셨군요. 정말 힘드셨나 봐요. 그런데 오늘 수업에서 가장 어려웠던 것이 뭐였어요?"
>
> "잘 듣지도 않고, 말할 때는 자기 말만 하는 거요. 모둠 활동은 그럭저럭 하는 것 같은데, 특히 전체 의견을 공유할 때는 다른 모둠 말을 듣지 않아요. 게다가 자기들의 경험을 가지고 가치를 이야기하지 않고 교과서에 있는 단어로만 이야기하려고 하고, 친구들의 의견도 궁금해하지 않는 모습이 답답했어요."
>
> "소통이 잘 안 된다는 거네요?"

"그런가요? 애들이 발표를 다 하기는 했는데……."

　나 선생님은 평소에 자신이 소통을 잘하는 교사라고 생각해 왔다. 수업에서 학생들이 소통을 하며 배울 수 있도록 모둠 활동도 많이 했다. 그러나 학생들이 활발하게 활동을 하고 있는 것 같은데, 이상하게도 의사소통은 제대로 이루어지지 않고 있었다. 가치 경매 활동 수업을 통해 다른 학생들의 이야기를 듣고 개인의 의견도 말하면서, 누구나 다 아는 '자유'나 '평등' 같은 가치들이 교과서에만 있는 말이 아니라는 것을 느끼게 하고 싶었다. 그런데 실제 수업에서는 교과서 내용을 벗어나지 못했다.

　나 선생님은 '소통이 잘 안 된다'는 유 선생님의 말을 떠올리며 소통에 대해 깊이 생각해 보았다.

　○월 ○일 나 선생님의 일기

　수업에서 소통은 어떤 의미일까?
　수업은 교사와 학생, 학생과 학생의 상호 작용을 통해 이루어지니까 소통은 매우 중요해. 단순히 말하고 듣는 것뿐만 아니라 더 나아가 감정도 주고받는 것이 소통이야. 아이들이 편하게 말하고 그것을 잘 수용하여 교감이 이루어지면 참여에도 도움이 될 거야. 한쪽의 일방적인 전달이 아니라 관계 속에서 내 생각이 변하고 확장되는 소통의 경험을 통해 배우는 것이 아이들의 성장에 큰 동력이 되겠지? 그래야 학교에서만이 아니라 사회에 나가서도 계속 스스로 배우고 성장하는 사람이 될 것 같다.

소통이 잘 이루어진 수업은 어떤 모습일까?

밝은 표정으로 모둠 활동에 참여하는 모습

아이들이 머리를 맞대고 서로의 말에 집중하고 있는 모습

궁금한 점을 교사에게 적극적으로 묻는 모습

어떤 이야기도 서로 비방하지 않고 솔직하게 할 수 있는 분위기

엎드려 있거나 혼자 멍 때리는 학생이 없이 모두가 참여하는 교실

다른 사람의 이야기를 들으며 간간이 메모하는 모습

현재 소통을 잘하기 위해 어떤 노력을 하고 있지?

학생들의 이야기를 잘 들어 주려고 노력한다.

학생들이 이야기할 수 있도록 발표할 때마다 칭찬하려고 노력한다.

활동 중심 수업을 많이 하려고 하고, 먼저 개인 의견을 생각하도록 한 후

모둠끼리 이야기할 시간을 준다.

소통에 대해 생각한 내용들을 정리해 본 나 선생님은, 수업 시간에 활동만 하면 소통이 저절로 이루어질 것이라고 믿고 있었다는 것을 알게 되었다. 그렇다면 소통에 대해 나 선생님이 놓치고 있는 것은 무엇일까?

나눔 어떻게 소통할까?

소통에 대해 고민하던 나 선생님은 유 선생님과 함께 허 선생님이 하는 과학 수업을 보러 가게 되었다.

허 선생님 오늘의 신호등 토론 주제는 '물질은 계속 쪼개다 보면 사라질 것이다.'입니다. 이 주제에 대한 자신의 입장을 밝혀 주세요. '사라질 것이다'는 파랑, '사라지지 않을 것이다'는 빨강, '모르겠다'는 주황. 자, 들어 보세요. 하나, 둘, 셋! (신호등 카드를 든 학생 수를 센다.) 빨강 15명, 파랑 10명, 주황 10명이네요. 이번에는 자기 의견에 대한 근거를 써 봅니다. 주황색을 든 학생은 생각나는 자신의 의견을 쓰거나 옆 사람의 의견을 보고 적어도 됩니다. 3분 드리겠습니다. 시작!

영석 선생님, 쪼갠다는 것이 무슨 말이에요? 칼이나 가위로 계속 자른다는 건가요?

민지 언제까지 쪼개요? 없어질 때까지요? (학생들의 질문이 계속되자 교사는 가만히 듣고 있다.) ◁◁◀ 함께 있기

동수 안 보일 때까지 쪼개는 거 아니에요? 안 보이면 쪼갤 수 없잖아요?

종민 야, 현미경으로 보면 또 보여. 요즘은 잘 보이는 비싼 현미경이 얼마나 많은데…….

영석 종민아, 그거는 쪼갤 수 있는 도구가 없잖아. 뭘로 쪼갤 수 있겠냐?

종민 (작은 소리로) 그런가? 레이저로는 안 되나?

민지 선생님, 그런데요, 물질을 쪼개다 보면 언젠가는 쪼개지지 않는 무언가가 있을 것 같아요.

허 선생님 질문해 준 영석이가 고맙네. 네 덕에 잠깐이지만 많은 의견을 들을 수 있었어. ◁◁◀ 칭찬하기, 인정하기 여러분은 쪼개는 것을 어디까지 해야 한다고 생각하나요? 동수는 눈에 보이지 않으면 쪼갤 수 없다고 생각하고, 종민이는 레이저 같은 걸로 쪼갤 수 있다고 하는데 여러분의 생각은 어떤가요? ◁◁◀ 경청하기, 연결하기

학생들 …….

미현 선생님, 그런데 물은 아예 쪼갤 수가 없잖아요.

수진 어, 그러네! 그럼, 물은 물질이 아닌가요? 선생님, 물질이 뭐예요?

허 선생님 와, 미현이는 우리가 생각하지 못했던 '쪼갤 수 없는 물'을 찾았구나. 그래서 수진이는 쪼갤 수 없는 물은 물질이 아니라고 생각한 거군요? 대단해요. ◁◁◀ 칭찬하기, 인정하기, 경청하기

여러분, 많은 의문이 막 떠오르죠? 그게 오늘 우리가 배워야 할 거예요. 그런데 지금은 단어의 개념이 무엇인지, 그것이 맞는지 안 맞는지가 중요하지 않아요. 어떤 의견이든 괜찮아요. 지금은 자신의 생각을 논리적으로 쓰는 것이 중요해요. ◁◁◀ 인정하기 내가 선택한 의견을 뒷받침할 타당한 근거를 내가 아는 범위에서 찾아서 적어 보세요.

① 함께 있기[26]

커뮤니케이션 전문가들은 소통의 첫 번째 요소로 '경청'을 꼽는다. 잘 들어야 상대방을 이해할 수 있고, 그래야 상대방과 같거나 다른 의견을 제대로 표현할 수 있기 때문이다. 그런데 이런 경청의 밑바탕에 깔려야 하는 것이 '함께 있기'이다. 이것은 상대방의 말을 온전히 듣기 위해서 열린 마음으로 상대방의 주파수에 나를 맞추는 것이다.

앞의 수업에서 학생들이 처음 질문을 던질 때 허 선생님은 학생들의 말을 가만히 듣고만 있다. 수업을 하다 보면 영석이처럼 수업에 적절한 질문을 하는 경우도 있지만, 전혀 상관없는 질문이나 대답을 하는 경우도 있다. 그럼에도 불구하고 판단하지 않고 학생의 말을 그대로 수용하

---

26 지금 이 순간에 함께 존재하는 것으로, 임파워링 코칭의 스킬이자 기본 마인드이다. (박창규, 《임파워링 코칭》, 리더십코칭센터, 2013)

거나, 오고 가는 의견들 속에서 잠시 침묵하며 비켜서서 학생들이 자신의 의견을 자유롭게 펼칠 수 있는 시간을 준다. 그러면서 교사는 시선과 표정, 몸짓으로 학생들과 함께 느끼고 있음을 표현한다. 교사가 이렇게 수용적인 태도를 보이면 학생들은 존중받는다는 느낌을 갖게 된다. 이렇게 수용하고 공감하며 함께하는 에너지를 느낄 때에 학생들은 편안한 분위기에서 자연스럽게 소통하고 경청하게 된다.

② 경청하기[27]

앞의 수업에서 허 선생님은 동수와 종민, 미현, 수진의 의견을 듣고 요약해서 말함으로써 학생들의 말을 경청하고 있음을 보여 준다. 학생들이 발표하는 동안 교사가 종이에 메모하거나 핵심 단어를 칠판 한쪽에 쓸 때, 혹은 자신의 말을 교사가 반복하여 말할 때 학생들은 자신의 의견이 인정받고 있음을 느낀다. 그리고 발표한 학생을 향해서 교사가 몸을 기울이거나 시선을 두는 모습에서 학생은 교사가 자신의 말을 잘 듣고 있음을 느낀다.

상대방의 말에 온전히 귀 기울이는 것은 각자의 다른 생각을 인정하는 것이며, 서로를 존중하고 있음을 드러내는 것이다. 그러므로 상대방의 말뿐만 아니라 말 속에 담긴 감정과 의미, 가치, 욕구까지 들어야 진정한 경청이라고 말할 수 있다. 예를 들어, 학생이 "너무 어려워요."라고 말한다면, 공부가 힘들고 하기 싫다는 감정뿐만 아니라 좀 더 쉽게 배우고 싶다는 학생의 욕구도 함께 들을 수 있어야 한다.

---

27 203쪽 '경청' 참고

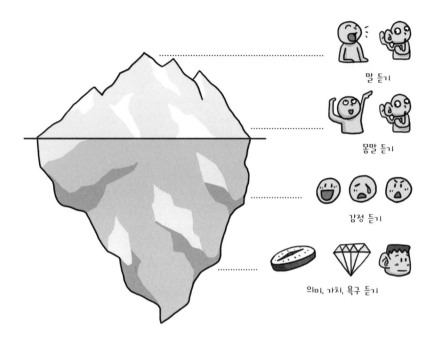

말 듣기

몸말 듣기

감정 듣기

의미, 가치, 욕구 듣기

말뿐만 아니라 의미, 가치, 욕구까지 듣기

③ 칭찬, 인정하기

앞의 수업에서 허 선생님은 영석이와 미현, 수진이를 칭찬·인정하고 있다. 칭찬과 인정은 소통을 활발하게 하고 참여를 즐겁게 하는 중요한 요소 가운데 하나이다. 일반적으로 칭찬은 눈으로 보이는 잘한 행동이나 성과를, 인정은 그 행동이 나타나게 된 내면적인 요소, 즉 노력과 과정, 기여, 싱품이나 잠재력, 가능성 등을 높이 평가하는 것이다. 단순한 성과의 칭찬에서 내면적인 요소를 칭찬하는 인정으로 나아갈 때 학생의 긍정적 변화를 불러일으킬 수 있다.

허 선생님은 영석이의 질문이 좋다고 단순히 반응하기보다는 그 질

칭찬
사실, 행동, 성과

인정
노력, 과정, 기여, 의미,
가치, 특성, 성품, 잠재력, 가능성

존재 인정
최고의 인정은
존재에 대한 인정

칭찬에서 존재의 인정으로 나아가기

문이 다른 학생들의 사고를 확장시키는 좋은 질문임을 인정하고 있다.
또한 미현이와 수진이의 의견을 요약하면서 그것이 왜 대단한지 구체
적인 이유를 들어 칭찬하고 있다. 그리고 수진이가 미현이의 말을 통해
서 새롭게 깨달은 것도 놓치지 않고 칭찬하고 있다. 이처럼 칭찬은 구
체적으로 하는 것이 좋다.

특히, 허 선생님은 마지막에 '어떤 의견이든 괜찮다'는 말로 학생들
의 의견을 다 수용하는 태도를 보이고 있다.[28] 이로써 학생들은 정답에
대한 부담 없이 자기 의견을 마음껏 이야기할 수 있게 된다. 결과나 과
정에 대한 칭찬은 학생을 부담스럽게 하는 면이 있는데, 허 선생님처럼
수용하는 태도는 학생의 말을 있는 그대로 존중한다는 의미에서 최고
의 인정이라고 할 수 있다.

허 선생님 '물은 물질의 기본 성분(원소)인가?'에 대해 아리스토텔레스의

---

28 무조건적인 수용이 아니라 수업의 핵심인 '논리적으로 사고하기'를 말함으로써 학생들이 수업 내
  용에서 벗어나지 않게 하고 있다.

입장부터 발표해 봅시다. ◁◁◀ 질문하기

동수 저는 아리스토텔레스의 입장에 동의합니다. 아리스토텔레스는 물질이 물, 불, 공기, 흙의 4원소로 이루어졌다고 주장했습니다. 물을 유리그릇에 넣어 가열하면 흰색 고체가 생기는데, 그것은 물이 변해 생긴 흙이라고 했습니다. 물이 성질이 변하여 흙이 되었으므로 저는 물이 원소라고 생각합니다.

미현 저는 물이 원소가 아니라고 생각합니다. 라부아지에는 아리스토텔레스의 실험에 문제가 있음을 증명했습니다. 물의 질량은 가열 전과 후에 변화가 없었기 때문입니다.

수진 그리고 흰색 고체 물질은 흙이 아니라 유리그릇에서 떨어져 나온 것임을 유리그릇의 질량 차이를 통해 밝혀냈습니다. 그리고 뜨거운 주철관에 물을 통과시켜 수소 기체를 얻었는데, 물이 수소로 분해되었습니다. 그래서 물은 원소가 아니라고 생각합니다.

허 선생님 미현이 의견에 대한 수진이의 보충 의견까지 들어 봤습니다. 물에 대한 생각의 차이가 느껴지나요? ◁◁◀ 연결하기

학생들 네!

허 선생님 그럼, 다른 의견이 있으면 말해 볼까요? 같은 의견이라도 다르게 표현할 수 있다면 말해 보면 좋겠어요. ◁◁◀ 연결하기

기범 저는 아리스토텔레스의 입장이 옳다고 한 동수의 주장에 찬성합니다. 왜냐하면 당시의 과학적 증명 방법을 자세히 설명하여 아리스토텔레스의 4원소설을 뒷받침하였기 때문입니다.

허 선생님 기범이는 과학적 증명 방법을 잘 설명하였기 때문에 옳다고 생각했구나. 논리적인 사고가 돋보이네요. 음, 다른 생각을 가진 사람 있나요? ◁◁◀ 연결하기

(학생들이 자신의 생각을 발표한다.)

허 선생님 원소에 대한 견해는 이렇게 다양했어요. 원소는 과학의 발전에 따라 계속 변해 왔어요. 라부아지에의 33개 원소도 현대 과학에서는 수정되었어요. 그러면 앞으로는 어떨까요? ◁◁◀ 연결하기, 질문하기 (잠시 침묵) 여러분이 생각하는 물질관은 무엇인가요? ◁◁◀ 질문하기 여러분이 과학자라고 생각하고 물질을 이루고 있는 기본 성분이 무엇일지 적어 보세요. 기발하고 말도 안 된다고 생각되는 의견도 좋아요. 과학적 사고를 한다면요. 지금부터 '물질을 이루는 기본 성분은 무엇인가?'에 대한 여러분의 생각을 써 보세요.

(학생들 각자 열심히 쓴다.)

④ 연결하기

허 선생님은 원활한 소통을 위해서 학생들의 의견을 연결하며 질문하고 있다. 이런 연결하기를 통해서 학생들은 상대방의 말을 잘 듣고 자신의 의견과의 공통점과 차이점을

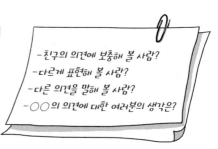

인식함으로써 좀 더 명료하게 배울 수 있다. 때에 따라서는 교사가 수업에 필요한 질문들을 수업 전에 미리 메모해 두어, 학생들 간에 소통과 연결이 풍성해지도록 해당 장면에서 활용하면 좋다.

연결하기는 학생들의 말에 대한 연결뿐만 아니라 그 수업 이전이나 이후의 학습 내용과의 연결, 학생들 개개인의 경험과의 연결까지도 고려해야 한다.

⑤ 질문하기[29]

허 선생님은 처음 수업 장면에서 '물질은 계속 쪼개다 보면 사라질 것인가?'라는 질문으로 학생들의 흥미와 관심을 불러일으켰다. 이 질문은 적당한 난이도가 있어서 학생들이 도전할 만하면서도 물질이라는 개념에 대해 생각해 볼 수 있는 단서를 제공하고 있다. 이처럼 질문은 이야깃거리가 되게 만드는 것이 중요하다. 단순하게 내용을 확인하는 질문보다는 '무엇을 어디까지 쪼개야 하는지', '사라진다는 것의 의미가 무엇인지'처럼 학생들에게 의문을 불러일으키는 질문이면 더 좋다.

또한 허 선생님은 '물질의 기본 성분(원소)은 무엇인가?'처럼 일반적으로 증명된 내용을 확인하고 검증하는 수준에서 한 발 더 나아가 학생 스스로 자신의 지식을 구성하고 표현할 수 있게 하는 '나의 물질관'까지 질문하고 있다. '여러분이 생각하는 물질관은 뭔가요?'처럼 답이 없을 것 같은 질문은 학생들이 창의적이고 열려 있는 사고를 할 수 있게 하고 배움을 성찰할 수 있게 한다. 흥미와 관심을 유지하게 하는 이런 질문들이 학생들에게 과학적 사고방식의 중요성과 과학 수업에 대한 매력을 느낄 수 있게 할 것이다.

따라서 학생들이 수업에 활발하게 참여하고 소통하게 하기 위해서 교사는 다양한 질문을 수업 전에 마련하면 좋다. 누구나 답할 수 있는 쉬운 질문, 학생들 사이에서 논란이 될 수 있는 질문, 사고를 확장할 수 있는 질문, 쉬운 내용에서 어려운 내용을 연결하는 질문, 자신을 되돌아볼 수 있는 질문 등 다양한 질문을 만드는 노력이 필요하다.

---

29 220쪽 '질문' 참고

○월 ○일 나 선생님의 일기

오늘 허 선생님의 수업을 보면서 많은 생각이 들었다. 무엇을 안다는 것과 그것을 수업에, 학생들의 수준에 맞게 잘 적용한다는 것이 얼마나 다른지 어렴풋이 알게 되었다. 학생과 눈을 맞춘다는 말이 시선뿐만 아니라 교사의 수용적인 태도, 학생과 함께하기 위해 노력하는 태도까지 포함한다는 것을 느꼈다.

칭찬은 많이 하는 것도 중요하지만 수업의 내용에 초점을 맞추어 구체적으로 하는 것이 수업 내용을 학생들에게 강조하는 효과를 준다는 것을 알게 되었다. 그리고 학생들이 하는 활동 과정과 그 속에서 기여한 부분, 가능성 등에 대해서 인정하는 것이야말로 학생들과 나를 가깝게 만드는 가장 강력한 도구라는 것도 기억해야겠다. 경청을 태도로 보여 주는 것. 이것을 학생들이 모델링할 수 있도록 습관화해야겠다.

그리고 교사의 질문은 그때그때 생각나는 것을 묻는 것이 아니라는 것을 깨달았다. 도입 질문을 통해서 학생들의 호기심을 이끌어 내고, 그것을 수업 목표와 관련된 질문으로 연결하는 것이 수업에서 강력한 힘을 발휘함을 알게 되었다. 내가 가르치고자 하는 것이 무엇인지 명확하게 알고, 이와 관련된 핵심 질문과 학생들의 호기심을 불러일으키는 질문, 마지막에 성찰할 수 있는 질문으로 연결하는 것을 꼭 시도해 보고 싶다.

가치 경매 수업에 구체적으로 어떤 것을 시도해 볼까? 마무리에 학생들이 성찰할 수 있는 질문을 하여 가치를 내면화할 수 있도록 해야겠다. '내가 대통령이라면 어떤 가치를 가장 우선으로 둘 것인가?'라는 질문을 통해서 자신이 중요하다고 생각한 가치가 정말 중요한지 생각해 보는 시간을 가지면 좋겠다. 그리고 대통령의 입장이었을 때와 개인적인 입장이었

138

을 때 중요한 가치가 다를 수도 있음을 느껴 보는 시간이 되었으면 좋겠다. 수업을 마치면서 '여러분은 앞으로 살아가면서 그런 가치를 어떻게 실현해 볼래요?'라고 질문하여 가치에 대해서 계속 생각해 볼 수 있는 계기를 만들어 보고 싶다.

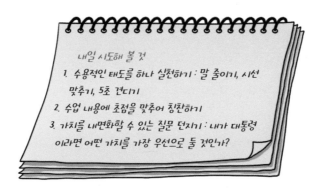

열린 매듭

소통은 막힘없이 잘 통한다는 의미이다. '무엇'이 막힘없이 잘 통한다는 것일까? 일반적으로 소통을 생각할 때, 수업에서 활동이 잘 되고 의견이 막힘없이 오고 가는 것을 떠올리기 마련이다. 그런데 '무엇'에 대해 조금만 집중하여 생각하면 소통의 의미가 달라진다. '무엇'은 겉으로 드러난 모습뿐만 아니라 수업에서 배울 내용까지 포함해야 하기 때문이다. 교사가 수업에서 소통을 고민해야 하는 이유가 여기에 있다.

교사는 활동을 어떻게 나누고 배치할 것인가에 대한 고민과 함께 학생이 배워야 할 내용이 활발하게 오고 갈 수 있도록 어떻게 질문할지,

칭찬과 인정의 초점을 어디에 둘 것인지, 그리고 내용을 어떻게 연결해야 학생들이 더 잘 배울지 고민해야 한다. 더불어 전체적인 수업 구조 속에서 어느 지점의 소통에 초점을 두어야 하는지 더 큰 시각에서 고민해 보는 것도 필요하다. 그러한 고민들이 수업에 반영될 때 학생들이 편안하게 자신의 의견을 표현하고 서로의 의견에 공감하며 서로를 존중하는 소통이 이루어질 것이다. 그러한 소통이 배움과 자연스레 연결되지 않을까.

수업을 고민하시는 선생님께

● 소통이 잘 되고 있는 교실은 어떤 모습인가요?

● 소통이 선생님께는 어떤 의미가 있나요?

● 배움이 일어나는 소통을 위해 실천해 보고 싶은 것은 무엇인가요?

2

참여를 위한 수업 구조화

질문 <u>왜 참여를 고민해야 할까?</u>

나 선생님 여러분, 오늘은 단편 소설 〈원미동 사람들〉을 감상할 거예요. 〈원미동 사람들〉을 원작으로 드라마를 만든다면 '응답하라 시리즈'가 좋을 것 같아요. 제목은 '응답하라 1980' 정도가 되겠죠. 〈원미동 사람들〉은 선생님이 참 재미있게 읽은 소설인데 여러분도 재미있을 거예요. 오늘은 특별히 음악도 준비했어요. 편안하게 앉아서 소설에 빠져 보세요.

민호 (책장을 넘겨 보더니) 너무 길어요. 어떻게 다 읽어요?

나 선생님 읽다 보면 그렇게 길다는 생각이 들지 않을 거예요. 일단 한번 읽어 보세요.

민호 (얼굴을 찌푸리며) 재미없어요. 지루해요. (엎드린다.)

학생들 우와, 진짜 길다.

나 선생님은 읽지도 않고 투덜대는 민호가 신경 쓰이지만 꾹 참고 음악을 튼다. 조금 시간이 흐르자 책상에 편안하게 엎드린 아이들이 자는 것인지 책을 읽는 것인지 구분하기가 힘들어 마음이 초조해진다. 책장 넘기는 소리가 들리지 않기 때문이다. '읽고 있는 건가? 어쩌지? 이러면 오늘 계획한 수업 다 못하는데…….' 나 선생님은 불편한 마음에 교실을 돌아다니며 혹시 읽지 않는 아이들이 있는지 확인하고 조는 아이들의 어깨를 두드려 깨운다.

나 선생님 여러분, 다 읽었나요? 그러면 짝꿍끼리 2분간 읽은 내용을 서로 나누고 공책에 두 문장으로 간단히 요약해서 줄거리를 써 볼까요?
지혜 (시큰둥하게 혼잣말로 중얼거리며 공책에 줄거리를 적는다.) 다 읽고 줄거리 파악했는데…… 짝꿍이랑 뭔 이야기? 아, 귀찮아. 정답이나 불러 주지.
나 선생님 짝꿍이랑 이야기를 나누고 자신이 읽은 내용을 점검해 봅시다.
지혜 (마지못해 짝꿍을 바라보며) 네가 먼저 말해 봐.

짝꿍 대화를 나누는 아이들 속에서 듣게 된 지혜의 혼잣말에 나 선생님은 마음이 불편하다.

민호처럼 교실 책상에는 앉아 있지만 수업 활동에 거의 참여하지 않는 학생이나 지혜처럼 수업 활동에 참여하지만 자신의 배움에만 집중하는 학생들을 교실에서 만나게 되면 교사는 안타깝다. 민호같이 공부가 싫은 아이들을 어떻게 수업에 참여하게 할 수 있을까? 하기는 싫지만 활동지도 작성하고 짝꿍 대화도 나눈 지혜는 수업에 진짜 참여한 것일까?

과연 아이들은 어떻게 배움에 참여할까? 지식을 습득해 나가는 과정 자체를 매우 재미있는 경험으로 느끼면서 배워 나가는 시기가 있는데, 바로 어린아이일 때이다.

> 16개월 된 리사가 한번은 타자기를 바닥에 내려놓아 주기를 원했다. 나는 리사가 원하는 대로 했는데 그게 실수였다는 걸 금방 알아차렸다. 리사가 타자기 위로 기어 올라가려고 했던 것이다. 심지어 타자기 안에서 진짜로 무슨 일이 일어나고 있는지 알아보려는 듯 안으로 들어가려고도 했다. 약간의 실랑이와 난투 끝에 나는 타자기를 도로 책상 위로 올려놓았는데 그러느라 한 40분 동안 정신이 없었다. 아무래도 유아들의 몰입 시간은 사람들의 생각보다 긴 게 틀림없다.
>
> — 존 홀트, 《아이들은 어떻게 배우는가》에서

어린아이들이 새로운 것을 배우는 과정을 관찰해 보면, 리사처럼 몰입하는 과정이 반드시 있다. 즉, 스스로가 호기심을 가지고 배움의 과정에 푹 빠지는 순간이 있다. 수업 장면에서도 학생 스스로가 배움의 과정에 푹 빠져 재미를 느낀다면 얼마나 좋을까? 하지만 많은 학생이 언제부터인가 본능과도 같은 배우는 즐거움을 잃어버리고, 해야만 하는 과제나 숙제처럼 배움을 지루하게 받아들이게 되었다. 다양한 이유로 배움을 거부하기도 하고, 자기 생각을 다른 아이들과 나누지 않고 선생님이 던져 주는 정답만을 기대하기도 한다.

코칭수업에서는 학생들이 어린아이일 때부터 배움의 본성을 가지고 있기 때문에 스스로 배움의 과정에 즐겁게 참여할 수 있다고 믿는다. 즉, 학생들의 성장 가능성을 믿는다. 학생들의 잠재된 성장 가능성을 일깨우는 방법이 바로 수업에 참여하게 하는 것이다. 그렇다면 코칭수업에서 참여란 무엇일까? 어떻게 참여하게 할까?

고민 1 <u>참여란 무엇일까?</u>

나 선생님은 수업에 흥미와 관심을 보이지 않고 지루하다는 말을 해서 수업 분위기를 가라앉게 만든 민호 때문에 힘들었다.

"수업에 적극적으로 참여하게 만드는 방법이 없을까?"

"뭘 그렇게 중얼거려요?"

"유 선생님, 민호 아시죠? 민호가 수업에 참여를 잘 안 해요. 오늘 소설 읽기 시간이라 아이들이 즐겁게 참여할 거라고 기대를 많이 했거든요. 아이들이 편안하게 소설을 감상할 수 있도록 음악까지 준비해 갔는데, 투덜대고 졸기만 하고."

"우와, 음악까지 준비해 가시다니! 아이들 감수성을 키워 주기 위해 노력하시네요."

"고맙습니다. 선생님과 대화를 나누면 기분이 좋아지네요. 제가 인정받는 느낌이 들어 힘도 나고요."

"힘이 난다고요? 그 말에 저도 힘이 나는데요."

"그런데 민호처럼 저를 힘 빠지게 하는 애들이 있네요. 요즘 학생들은 게임같이 자극적인 것에 길들여져서인지 단편 소설 한 편 읽는 것도 힘들어

해요. 민호처럼 무엇이든지 다 재미없다는 학생들이 점점 많아지고 있거든요. 또 열심히 하는 학생들도 어떤 활동을 하기 전에 꼭 평가에 반영되는지부터 물어요. 그러다 보니 저도 학생들을 참여시키기 위해 평가를 이용하게 되고……. 그래서 마음이 불편해요. 어떻게 학생들이 스스로 참여하게 할 수 있을까요? 유 선생님 수업 시간에는 학생들이 활발하게 참여하면서 몰입하는 모습을 봤어요. 지난번 선생님 공개 수업에서도 학생들이 지루해하지 않고 잘 참여해서 깜짝 놀랐어요."

"아, 지난번 공개 수업이요? 저도 나 선생님처럼 참여에 대한 고민을 많이 하고 있어요. 단편 소설 한 편 읽기도 어려운 학생이 '프라모델 만들기 설명서'는 정말 정확히 읽어 내고 반복해서 읽기도 하죠. 이런 차이는 왜 생길까요?"

"음, 개인의 관심사나 취향의 차이일 것 같아요. 시켜서 하는 것과 스스로 재미있어 하는 것의 차이?"

"선생님은 오늘 민호가 어떤 모습이기를 바라셨나요? 학생들이 수업에 참여한다는 것은 무엇일까요?"

"민호가 소설을 읽는 재미에 빠져 스스로 읽기를 바랐죠. 민호의 경우와 관련지어 생각해 보니 참여한다는 것은 학생들이 교사가 지시한 활동을 수동적으로 하는 것이 아니라 스스로 호기심을 가지고 하는 것이네요. 제가 바랐던 모습이 바로 그거예요."

"그렇다면 선생님은 학생들을 어떻게 참여하게 하셨나요? 어떻게 하면 학생들이 배우는 재미에 푹 빠지게 할 수 있을까요?"

"어떻게요? 음……."

"저의 고민이기도 해요. 내일 코칭수업연구회 모임에서 제 수업을 통해 함께 나눠 볼까요?"

나 선생님은 유 선생님의 질문을 통해 학생들이 스스로 배우는 즐거움으로 나아가기를 자신이 바라고 있다는 것을 깨달았다. 그리고 학생들이 수업에 참여한다는 것의 의미도 처음 생각해 보았다. 어떻게 학생들을 참여하게 할 수 있을까?

나눔1 어떻게 참여하게 할까?

유 선생님의 소설 읽기 수업 장면

유 선생님 소설을 감상하는 단원의 첫 번째 시간입니다. 선생님은 여러분이 소설 읽기의 즐거움을 느낄 수 있기를 기대합니다. 그래서 선생님의 오늘 수업 목표는 '여러분이 소설을 즐겁게 읽을 수 있도록 돕는다.'로 정했어요. 여러분도 오늘 수업 목표를 각자 정해 보세요.

학생들 (익숙하게 학습지에 각자의 목표를 적는다.)

유 선생님 (한 학생의 학습지를 보며) 포기하지 않고 끝까지 읽는다. 영수의 목표가 멋지네요. (다른 학생의 학습지를 보며) 중요한 부분에 밑줄 치며 읽는다. 가영이의 목표도 훌륭하네요. 여러분 모두 각자의 목표를 정하셨죠?

학생들 (큰 소리로) 네.

유 선생님 소설을 읽기 전에 추론하기 게임[30]을 할 거예요. 소설의 제목과 등장인물의 이름을 미리 알려 줄 건데, 이것을 바탕으로 소설의 내용이 어떤 것인지를 알아맞히는 게임이랍니다.

---

30 197쪽 '게임(놀이) 전략' 참고

혜성 게임을 한다고요? 재미있겠네요. 오호!

유 선생님 여기 소설 제목이 보이죠? 우리가 영화를 볼 때에도 제목이 주제를 암시하기도 하고, 영화 포스터만 봐도 그 내용을 짐작할 수 있죠. 그러니 소설 제목을 보고 내용을 추론해 보는 게임을 모둠끼리 협력해서 해 봅시다. 추리가 쉽도록 등장인물의 이름도 미리 알려 드립니다.

희수 그럼 모둠별로 앉을까요?

유 선생님 네, 모둠별 책상 배치를 해 주세요. 나누어 준 모둠판에 추측한 내용을 써 보세요. 자, 그럼 모둠판에 적힌 내용을 한번 확인해 볼까요? 칠판에 붙여 주세요.

나래 선생님, 모둠별로 추측한 내용이 꽤 다르네요.

유 선생님 그러네요. 왜 그렇게 추측했는지 이유를 모둠별로 간단히 한번 들어 볼까요?

학생들 (모둠별로 발표한다.)

유 선생님 다양한 내용이 나왔는데요, 꽤 유사한 것도 있어요. 어떤 모둠이 가장 유사하게 추론했을까요? 모두 함께 소설을 읽어 봅시다. 오늘 세웠던 수업 목표 잊지 않으셨죠? 소설 읽기 시작!

학생들 (집중해서 읽는다.)

○월 ○일 코칭수업연구회 모임

유 선생님 선생님들, 지난 한 주 동안 잘 지내셨나요? 바쁜 와중에 이렇게 모일 수 있어서 참 행복합니다. 오늘은 어제 나 선생님께서 제안해 주신 주제로 이야기를 나눠 보려고 합니다. 바로 학생들의 참여에 관한 이야기입니다. 학생들이 배움의 과정에 스스로 푹 빠져든다면 교사로서 얼마나 행복할까요?

정 선생님 학생들이 스스로 배움에 빠져들면 교사들이 할 일이 없어져 우리 모두 백수 되는 거 아닌가요?

유 선생님 하하하. 그런가요? 몰입의 정도는 학생들의 성향에 따라, 혹은 환경에 따라 달라지니까요.

한 선생님 저도 참여에 대해 생각하는 계기가 있었어요. 제 수업 시간에 잘 참여하지 않던 아이가 동아리 활동에는 적극적으로 참여하는 모습을 보았거든요. 그 차이가 무엇일까 생각했는데, 스스로 선택한 활동이어서 더 잘 참여했던 것 같아요. 그리고 동아리라서 학생들이 스스로 기획하고 실행할 수 있도록 제가 자율권을 많이 주었거든요. 그것도 한몫했던 것 같고요.

정 선생님 전 이런 경험이 있어요. 수업 시간에 학생들이 PPT를 활용해 자료를 만들어서 발표를 해야 하는데 1학년이라 아직 PPT를 못하는 아이들이 많았어요. 그래서 평소 컴퓨터를 잘한다는 소문을 들었던 규민이에게 친구들을 위한 PPT 활용 팁을 만드는 것을 도울 수 있냐고 부탁을 했죠. 그랬더니 쉬는 시간에 찾아와 이것저것 묻더니 바로 다음 날 자료를 딱 만들어 오는 거예요. 새벽 3시까지 만들었다면서……. 실은 그 자료 2주 정도 뒤에나 사용할 예정이었거든요. 더 놀라운 것은 규민이는 수업 시간에 발표 한번 스스로 한 적이 없는 굉장히 소극적인 아이라는 거예요.

유 선생님 와, 놀랍네요. 학생들은 자신의 관심사와 연결될수록 수업에 더 잘 참여하게 되죠. 저도 올해 설명문 쓰기를 하면서 자신들의 관심사를 소재로 해서 쓰게 했더니 3주에 걸친 긴 프로젝트 수업인데도 학생들이 즐겁게 참여하는 모습을 보았답니다. 게임이든 연예인이든 상관없으니 자신의 삶과 관련되는 것을 주제로 삼되 독자의 흥미와 정보의 유용성을 고려하라고 했더니 알아서 잘 가려 쓰더라고요. 자신의 진로와 관련된 관심사를 주제로 많이 써서 흐뭇했어요.

나 선생님 유 선생님 수업을 관찰해 보니 소설을 읽기 전에 도입 활동을 진행하시더군요. 저는 소설의 스토리가 주는 재미만으로 충분히 학생들이 집중할 거라 생각하고, 바로 학생들에게 작품을 읽는 시간을 주었거든요. 그런데 학생들의 몰입도와 집중도가 굉장히 다른 걸 느꼈어요.

유 선생님 참, 제 수업을 바탕으로 이야기 나누자고 해 놓고는 깜빡했네요. 학생들이 작품을 읽으면서 푹 빠질 수 있으면 좋은데, 교과서에 나와 있는 작품들이 읽기가 쉽지 않은 것이 많죠. 이럴 경우에는 학생들이 호기심과 재미를 느낄 수 있도록 작품 이해와 연결고리가 될 수 있는 징검다리를 놓아 주거나 학생들이 채워 넣어야 하는 지식의 공백[31]을 주는 것이 필요해요.

나 선생님 아, 호기심! 지식의 공백! 학생들이 호기심을 가지고 스스로 작품을 읽어 나갈 수 있도록 돕는 다양한 전략이 필요하다는 말씀이시군요.

유 선생님 네. 그것이 학생들의 몰입 경험을 만들기 위한 일종의 구조 설계랍니다.

김 선생님 선생님, 저는 선생님 수업에서 학생들에게 목표를 세우게 하는 것이 인상적이었어요. 수업 목표는 교사만 세운다고 생각했거든요.

유 선생님 학생들 스스로 목표를 정하게 하는 것[32]은 학생 참여를 위해서 중요한 요소라고 생각해요. 우리가 학생들을 개별화시켜야 하는 이유와도 연결되죠. 서로 다른 경험과 생각을 가지고 있는 학생들이 모여 있는 수업 장면에서 우리가 중요하게 생각하면서도 놓치는 것이 '따로 또 같

---

31 218쪽 '지식의 공백' 참고
32 216쪽 '수업 목표 세우기' 참고

이'라고 생각합니다. 어떤 수업이든 학생들의 개별화를 고민할 필요가 있고, 개인 목표를 스스로 세우게 하는 것은 학생들의 내재적 동기를 깨우는 첫 단추랍니다. 자기 목적 지향적인 학생들이 몰입을 더 잘할 수 있으니까요. 그리고 '같이'의 철학도 중요해요. 나만의 배움으로 끝나지 않고 배움을 나누고 공유하는 태도가 있어야 해요. 개인의 배움이 공동체와 연결되어 타인의 성장에 좋은 영향을 줄 때 그 가치와 의미가 있으니까요. 배움의 즐거움을 아는 학생들이 타인의 배움에 기여하고, 그런 경험이 자기 성장에 도움이 되는 것을 경험하는 것도 배움에 대한 책임감을 키우는데 아주 중요하답니다.

김 선생님 따로 또 같이! 잊지 말아야 하는데 자꾸 잊게 돼요.

유 선생님 그럼 학생들이 참여하게 하려면 어떻게 해야 할까 좀 더 생각해볼까요? 선생님들의 수업 경험에서 학생들이 즐겁게 참여하고 몰입했던 상황을 떠올려 보고 어떤 요소가 몰입을 이끌었는지 나누어 봐요. 저희도 개인별 목표를 정해 볼까요? 학생들을 수업에 참여시킬 수 있는 방법을 몇 가지나 찾을지 각자의 목표를 정하고 10분 동안 메모하고 발표하면서 생각을 공유해 봅시다.

선생님들 (개인 목표를 정하고 메모를 한다.)

코칭수업에서는 학생들이 호기심을 가지고 자발적으로 수업에 참여하여 몰입하는 즐거움을 느끼기를 바란다. 수업에서 몰입하는 경험은 삶의 과제에서도 몰입하게 하는 힘을 갖게 만드는데, 이것이 바로 진정한 의미의 참여이다. 물론 몰입은 개인의 심리적 상태이기 때문에 다인수 학급에서 모든 학생의 몰입을 목표로 한 수업은 이상일 수 있다. 하지만 교사가 학생들의 몰입을 고민하느냐 안 하느냐에 따라 수업은 많

유익하기 때문

나 관련

선택권 줄 때

눈높이 맞을 때

재미있을 때

자율권 줄 때

성취감 느낄 때

학생들이 수업에 참여하고 몰입하는 경우

이 달라질 것이다. 그렇다면 어떻게 학생들이 참여하게 할 수 있을까? 어떻게 학생들을 몰입하게 할 수 있을까?

① '나'와 관련된 내용으로 구성하라

선생님 여러분 우리 학교의 교화를 아시나요? 교화는 우리 학교를 상징하는 꽃을 말한답니다.

학생 산수유요. 현관에서 봤어요.

선생님 네, 맞아요. 현관 게시판에 있는데 자세하게 잘 봤네요. 교화인 산수유는 우리 학교 학생들의 창조적 배움과 성장을 의미한답니다. 오늘은 문학적 표현 방법의 하나인 '상징'을 활용해 우리 학교의 상징 동물을 만들어 봅시다.

학생 상징 동물이요?

선생님 우리 학교를 상징하는 꽃과 나무는 있지만 동물은 없어요. 우리 학교의 의미를 잘 담은 우리 학교의 상징 동물을 만들어 봐요.

상징을 활용하여 표현하는 것이 이 수업의 목표이다. 상징의 개념이 어려운 데다 시를 통해 상징을 이해하고 표현하는 활동을 하다 보니 학생들이 참여하기 힘들어한다. 하지만 이 수업 장면처럼 '나'의 학교와 관련시켜 상징물을 만들어 보라고 하면 학생들이 활동에 더 잘 참여할 수 있다.

여기서 '나'란 학생을 의미한다. 아무리 훌륭한 의미가 있는 배움이라도 '나'와는 전혀 관련이 없는 내용이라고 느끼는 순간 참여는 멀어진다. 수업이 학생 자신의 삶과 동떨어져 있는 것이 아니라는 것을 알게 해 주고, 학생의 삶과 관련된 내용으로 수업을 구성하면 참여도가 높아진다. 교사는 수업의 장이 학생 자신의 삶의 장과 다르지 않다는 것을 깨닫게 할 필요가 있다. 학생들이 배움과 '나'의 관련성을 스스로 찾기 어려워할 때 교사는 다양한 질문을 통해 학생의 삶과 연결시켜 주어야 한다.

② 학생의 눈높이에 맞추어라

선생님 소설을 감상하는 단원의 첫 번째 시간입니다. 선생님은 여러분이 소설 읽기의 즐거움을 느낄 수 있기를 기대합니다. 그래서 선생님의 오늘 수업 목표는 '여러분이 소설을 즐겁게 읽을 수 있도록 돕는다.'로 정했어요. 여러분도 오늘 수업 목표를 각자 정해 보세요.

학생들 (익숙하게 학습지에 각자의 목표를 적는다.)

선생님 (한 학생의 학습지를 보며) 포기하지 않고 끝까지 읽는다. 영수의 목표가 멋지네요. (다른 학생의 학습지를 보며) 중요한 부분에 밑줄 치며 읽는다. 가영이의 목표도 훌륭하네요. 여러분 모두 각자의 목표를 정하셨죠?

학생들 (큰 소리로) 네.

일반적으로 수업 목표는 단원의 학습 목표를 말한다. 하지만 학생들이 그날그날의 수업에서 실천하기에는 그 목표가 너무 크고 멀다. 따라서 수업 시간에 도달할 수 있는 작은 목표를 스스로 세우게 하면 수업에 더 쉽게 참여할 수 있다. 자신의 수준에 맞는 개인별 목표를 스스로 정하도록 하는 것이다. 여기에 교사가 학생들의 다양한 수준을 고려한 단계별 과제를 준비하여 학생들이 자신의 눈높이에 맞는 과제를 선택할 수 있게 하는 것도 하나의 방법이다. 눈높이를 맞춘다는 것은 학생들이 인지적·정의적으로 다양한 수준을 가지고 있다는 것을 인정하고, 누구나 수업에 참여할 수 있게 돕는 것이다.

학생의 '눈높이'란 단지 인지적인 수준만을 의미하는 것은 아니다. 수업에 참여하겠다고 마음을 먹을 수 있도록 하는 정의적인 눈높이도 고려해야 한다. 학생들의 몸과 마음이 편안함을 느끼도록 수업 환경을 만들어 주는 것부터가 눈높이를 맞추는 것이다. 참여하기도 전에 과정의 지루함이나 실패의 경험을 떠올리며 참여에 부정적인 반응을 보이는 학생이 있다면, 부정적인 생각을 해소해 주는 등 학생의 눈높이를 맞춰 주는 것이 매우 중요하다. 이 경우 교사의 도움과 적절한 개입으로 수동적 몰입이 일어날 수 있게 한다. 수동적 몰입을 지속적으로 경험한 학생들은 능동적 몰입 상태로 나아갈 것이다.

③ 재미와 호기심을 느끼게 하라

선생님 애들아, 덥지?

학생 네, 너무 더워요.

선생님 아이스크림 먹고 싶어? 오늘은 우리 아이스크림을 만들자.

학생 와! 아이스크림이요?

선생님 오늘 배울 과학의 원리를 알면 너희들 스스로 아이스크림을 만들어 먹을 수 있어.

학생 재밌겠다.

지금 교실에서 만나는 학생들은 끊임없이 재미를 추구하는데 교사들은 그것을 고려하지 않고 수업을 하는 경우가 많다. 아무리 좋은 내용이라도 재미없고 지루하다고 느끼는 순간 동기를 잃고 참여에 대한 적극도가 떨어진다. 재미와 호기심은 수업의 에너지와 역동을 만들어 내는 중요한 요소이다. 학생들이 호기심을 가지고 수업을 시작하게 되면 수업에 대한 집중도가 높아지고 참여 또한 활발하게 일어날 수 있다. 재미와 호기심은 긴장을 풀게 하고 내용에 대한 관심을 갖게 하기 때문이다.

놀이를 할 때의 몰입도를 생각하면 쉽게 이해가 가능하다. 놀이는 지루할 틈이 없고 쉴 틈 없이 생각하게 만들며 전략을 짜게 한다. 낮은 레벨에서 다음 레벨로 올라갈 때 재미를 넘어선 희열을 느끼며 놀이에 몰입하게 한다. 수업에도 이런 구조가 필요하다. 수업 과정에 규칙이나 전략을 사용하게 하거나 친구와의 협력과 약간의 경쟁 등을 통해서 몰입과 참여를 이끌어 낼 수 있기 때문이다. 몸을 움직이게 하거나 직접 조작하게 하는 보드게임 등의 놀이 요소를 반영하는 것도 좋다.

또한 이야기를 통해 재미를 줄 수 있다. 스토리가 없는 게임은 재미가 없다. 요즘 게임은 구체적인 스토리가 있는 것이 많은데, 이야기는 참여자를 더 몰두하게 하는 힘이 있다. 따라서 학생들의 참여를 유도하기 위해 수업의 과정이나 활동을 스토리로 만드는 것도 좋다. 또한 활발한 교실 수업 분위기를 만들기 위해서 신체 활동을 하는 것도 좋다.

④ 성취감을 느끼게 하라

선생님 지난 시간에 배운 핵심 단어를 1분 동안 적어 보세요.
(학생들 집중하여 적는다.)
선생님 몇 개 기억했는지 적고 어제 기억한 개수와 비교해 보세요.
학생 저 어제보다 세 개나 더 많이 적었어요.
선생님 와, 어제보다 더 많이 기억해 냈구나. 잘했네.

성취감이란 '스스로 할 수 있다', '내가 해냈다'라는 감정을 갖는 것을 의미한다. 학생들이 성취감을 경험하는 것은 매우 중요한데, 이 경험이 또 다른 배움에 참여하는 힘이 되기 때문이다. 교사는 학생들이 크든 작든 성취감을 가질 수 있도록 수업을 설계해야 한다. 한 차시의 수업이 끝나거나 프로젝트가 끝난 후 느끼는 성취감도 좋지만, 수업 속에서 두세 개의 작은 활동을 완성하고 느끼는 소소한 성공 경험도 매우 중요하다.

물론, 스스로 성취감을 느끼지 못하는 학생도 있다. 실패와 좌절의 경험이 많은 학생의 경우가 그러하다. 이런 경우 자기 자신과의 비교를 통해 어제보다 나아진 자신을 발견하고 성취감을 느낄 기회를 주어야 한다. 또한 수업 목표를 계량화하는 것도 하나의 방법이다. 예를 들어, '오늘 배운 내용을 두 개 이상 기억하겠다.'처럼 구체적인 목표를 정하는 것은 자신의 성장을 눈에 보이는 구조로 만들어 학생들을 수업에 더 적극적으로 참여하게 할 수 있다.

⑤ 학생이 자율권과 선택권을 갖게 하라

선생님 오늘은 설명하는 글쓰기를 하기로 했죠?
학생 무엇에 대해 설명하는 거예요?
선생님 여러분이 관심 있는 대상을 스스로 선택해서 글을 써 보는 거예요.
학생 게임에 대해서 써도 돼요?
선생님 물론 당연하죠.

학생 스스로 학습 과정을 계획하고 구성할 수 있는 자율권과 선택권을 주는 것은 참여의 중요한 요소이다. 학생들은 자신이 가장 관심 있는 주제를 가장 잘할 수 있고 좋아하는 방식으로 학습할 때 참여하게 된다. 또 자신이 선호하는 방식이 아니더라도, 다른 방식에 도전할 수 있는 기회와 선택권을 줄 때 더 잘 참여한다.

물론, 참여에 대한 욕구가 부족한 학생은 어느 정도 교사의 개입과 통제가 있어야 참여가 이루어진다. 하지만 일정 수준이 지나면 자율권과 선택권을 학생들에게 주는 것이 진정한 몰입을 일으키게 한다. 교사는 항상 언제, 어느 정도의 자율권과 선택권을 학생들에게 줄 것인지 고민해야 한다. 그리고 그 범위를 점점 넓혀 가야 한다.

⑥ 유익할 것이라 믿게 하라

선생님 토론이 왜 필요할까요?

학생 말을 잘하면 세 보이니까요.

선생님 맞아. 그런 이유도 있지. 세 보이는 것이 어떤 의미가 있지?

학생 자신을 보호하는 힘이 돼요.

선생님 힘이 되기도 하지. 토론이 여러분에게 어떤 도움이 될까요?

학생 억울한 일을 당해도 논리적으로 말할 수 있잖아요. 그래서 문제를 합리적으로 해결할 수 있어요.

유익함을 믿게 하는 것은 학생들이 스스로 배움의 길로 가게 하는 동력이 된다. 스스로 찾게 하는 것은 스스로 가게 하는 힘이 되는 것이다. 교사가 아무리 배울 내용의 가치나 활동의 의미를 설명해도 학생들의 참여를 이끌어 내기가 쉽지 않다. 스스로 가치나 의미를 찾게 하고, 그것을 학생들의 '목표 너머 꿈'과 연결시켜야 한다.

학생들은 어떤 수업이 자신에게 도움이 될 것이라 믿게 되면 적극적인 관심을 보이며 참여하게 된다. 여기서 유익함은 같은 수업이라도 학생마다 다른 의미가 될 수 있다. 어떤 학생은 '좋은 학교에 진학할 수 있다', '내신 성적을 올릴 수 있다'를 유익하다고 생각할 수 있고, 어떤 학생은 '미래의 삶에 도움이 될 수 있다', '다른 사람에게 도움이 될 수 있다'를 유익하다고 생각할 것이다. 일차적인 유익함부터 본질에 가까운 유익함까지 모두 인정해 줄 필요가 있다. 교사는 수업을 설계할 때 이 수업이 학생들에게 어떤 유익함이 있는지 학생 스스로 의미를 찾게 하면 좋다. 유익한 점을 미처 찾지 못한 학생들을 위해 다른 학생들이 찾은 유익함을 공유하여 자신에게 어떤 도움이 될지 생각해 보도록 하는 것도 학생들의 참여를 이끌어 내는 방법이다.

고민 2 활동을 많이 하면 참여가 잘 일어날까?

수업 후, 수업 시간 내내 무표정하게 앉아 가끔씩 짜증 섞인 말투와 표정으로 모둠 활동을 이끌던 모범생 지혜가 교무실로 나 선생님을 찾아왔다.

"선생님! 지금 시간 좀 괜찮으세요?"
"응, 지혜야! 무슨 일이야?"
"요즘 선생님 수업이 좀 힘들어서요. 처음엔 선생님 수업이 신선하고 재미있었어요. 수업 준비도 열심히 하시는 것 같고, 우리랑 소통하려고 노력하시는 점도 좋았어요. 그런데 수업이 끝나고 남는 게 없어요. 뭘 배웠는지 잘 모르겠어요. 수업 시간에는 계속 뭔가 활동을 많이 하긴 하는데요…… 집에 가서 제가 다시 복습을 하려고 하면 힘들어요. 저는 차라리 정리가 잘 되는 강의식 수업을 듣고 싶어요."

나 선생님은 지혜가 돌아간 뒤에도 지혜의 말이 계속 귓가에 맴돌았다. 특히 '뭘 배웠는지 잘 모르겠어요.'라는 말은 정말 충격이었다. 열심히 수업 준비를 하고 수업 목표에 맞는 다양한 활동을 구성하여 조는 학생 한 명 없이 수업을 마쳤다고 생각했는데, 배운 게 없다니?

나 선생님은 곰곰이 자신의 수업을 되돌아보았다. 분명히 학생들은 나 선생님이 준비한 활동에 잘 참여했다. 적극적이지는 않았지만, 어쨌든 지혜는 모든 활동을 수행했다. 그러나 배움이 일어나지 않았다고 말한다. 그렇다면 학생들은 수업에 제대로 참여한 것인가?

혹시 나 선생님은 학생들이 새로운 수업 방법에 호기심을 보이는 것을 배움이 일어났다고 착각하고 있었던 것은 아닐까?

방과 후, 나 선생님은 유 선생님을 만나기 위해 도서관으로 갔다. 그리고 유 선생님께 오늘 있었던 일과 고민을 이야기했다.

"나 선생님은 학생들에게 배움이 일어나게 하기 위해서 무엇을 가장 중요하게 생각하나요?"

"저는 배움이 일어나기 위해서는 기본적으로 학생들이 수업에 참여해야 한다고 생각해요. 그런데 학생들을 수업에 참여시키기 쉽지 않잖아요. 솔직히 학원에서 많이 배워 와서 지식적으로는 충분한 아이도 많고, 또 학교 수업은 지루하고 재미없다고 생각하는 아이들도 있고요. 그래서 저는 학생들을 수업에 참여하게 하기 위해서는 흥미를 끌어내야 하고 재미가 있어야 한다고 생각했어요. 그래서 학생들이 지루해하지 않고 호기심을 유발할 만한 활동을 다양하게 준비했죠."

그런데 그때 유 선생님이 생각지도 못한 질문을 했다.

"선생님이 준비한 그 다양한 활동들은 수업 구조에서 어떤 부분에 해당하나요?"

"수업 구조요? 어떤 부분이요?"

막연하게 활동이 수업이고 수업이 활동이라고 생각했던 나 선생님은 당황했다.

"선생님! 진정한 참여가 일어나는 수업 구조에 대해서 지금부터 함께 고민해 봅시다. 제가 짠 수업 구조인데 별건 아니지만 보시고 제 수업에 들어와 보실래요?"

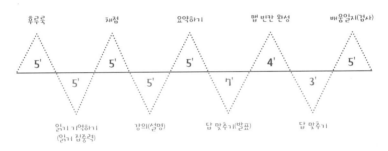

유 선생님의 수업 구조

더 이상 지식을 주입식으로 전달하는 시대가 아니며, 학생들도 누군가가 주는 지식을 일방적으로 전달받는 수동적인 존재가 아니다. 지식은 학교 말고도 더 많은 곳에서 얻을 수 있는 시대가 되었다.

이에 따라 교사들은 자신의 수업에 대해 많은 고민을 한다. 수업 방법에 대한 연수를 듣고 수업에 적용하거나, 다양한 수업 방법을 소개한 책들을 참고로 활동 위주의 모둠 수업을 설계한다. 하지만 자신만의 철학과 신념 없이, 탄탄한 설계와 구조 없이, 단순한 나열식으로만 이루어진 활동 수업은 처음에는 학생들에게 신선하게 느껴지고 학생들의 흥미를 끌지 모르나 진정한 참여를 통한 배움이 일어나고 있는지 의심받는 수업이 되고 만다.

활동이 활발하게 일어나는 수업이라고 해서 학생들이 수업에 진정으로 참여하고 있는 것일까? 많은 활동과 즐거운 분위기가 배움과 성장을 보장하지 않는다. 나 선생님은 수업 준비를 열심히 하고 활발한 활동이 있는 수업을 하지만, 지혜와 같은 학생들은 수동적이더라도 선생님의 설명이 위주가 된 수업을 듣고 싶어 한다. 강의식 수업은 지식과 이론이 명료하고, 전문가인 선생님이 깊이 있는 지식을 전달해 주어 배움이 눈에 보인다고 생각하는 것이다. 그러나 배움을 단지 높은 성적을 보장해 주는 도구로 생각한다면 성장 마인드를 갖기 힘들다. 그렇다면 지혜와 같은 학생들에게 어떻게 함께 참여하고 배우는 즐거움을 알게 할 수 있을까? 또 어떻게 배움에 대한 책임감이 있는 학생으로 성장시킬 수 있을까?

코칭수업에서는 수업을 설계할 때 몇 가지 생각해야 하는 의미 있는 수업 구조가 있다. 학생들이 진심으로 수업에 참여하기를 원하는가? 그렇다면 어떻게 수업을 구조화해야 할까?

나눔 2 참여를 위해 수업을 어떻게 구조화할까?

나 선생님은 유 선생님이 준 수업 구조를 들여다보았다. 처음에 봤을 때는 이해하기 힘들었지만, 자세히 들여다보니 수업의 구조가 조금씩 보이기 시작했다. 몇 개의 삼각형이 위아래로 배치된 그림이 실제 수업에서 어떻게 구현되는지 궁금해졌다. 나 선생님은 일단 유 선생님의 수업을 참관하기로 했다.

학생들은 조용히 뭔가를 읽고 있다. 방해되지 않게 살며시 다가가 뒷자리에 앉은 학생의 활동지를 보았다. 팬픽[33]에 대한 설명문을 읽고 있다. 동그라미를 하면서 글을 읽는데, 핵심어에 동그라미를 하나 보다. 굉장히 집중하는 모습이다. 몇 분이 지나고 새로운 활동지가 나간다. 처음 활동지와 같은 글인데 군데군데 네모 상자로 구멍이 뚫려 있다. 아마도 핵심 단어를 비워 두고 채우게 하는 것 같다. 학생들은 아까와는 다르게 조금 웅성웅성한다. 혼자서 하나씩 하나씩 핵심 단어를 채우는 아이도 있고, "아, 생각이 안 나." 하며 머리를 잡는 아이, 짝과 주변 친구들에게 생각이 안 나는 단어를 물어보고 그제야 기억이 났다는 듯이 "아!" 하고 감탄사를 연발하는 아이 등 갑자기 수업이 들썩이기 시작한다. 아니 살아나기 시작한다. 그리고 지금까지 학생들의 활동을 유심히 관찰하고 있던 유 선생님이 학생들에게 질문을 한다.

"핵심 단어를 넣어 보았나요?"

"네, 못 넣은 것도 있어요."

"괜찮아요. 좋아요."

그리고 요약하는 방법 등 핵심적인 부분을 설명하기 시작한다. 학생들은 자신들이 열심히 활동한 것에 대해 선생님이 설명하자 이내 집중을 한다.

---

33 '팬(Fan)'과 '픽션(fiction, 소설)'의 합성어로, 자신이 좋아하는 유명인이나 유명 작품을 주인공으로 하는 소설

선생님의 설명은 그다지 길지 않았지만 시범을 간단하게 보여 주며 요약하는 방법을 분명하게 학생들에게 인지시킨다. 다음 활동에 대해 안내하자 아이들은 다시 모둠별로 각 문단을 요약하는 활동을 시작한다. 아이들은 또 서로 질문하고 메모한다. 자신이 요약한 것이 맞다고 목소리를 높이는 아이, 어떤 단어를 써야 할까 고민하는 아이, 결국 선생님께 도움을 요청하는 모둠도 있다. 그리고 또다시 자신들이 요약한 것이 맞는지 각자 확인을 하고 수정을 한다. 약간의 정적이 흐른다. 그리고 또 다른 방법인 맵으로 요약하는 활동을 친구들과 함께 하고 각자 요약을 잘했는지 확인하는 활동을 한다. 배움일지[34]를 쓰고 이를 친구들, 선생님과 공유하며 수업이 끝난다.

나 선생님은 방과 후 자신의 생각을 정리한 수첩을 들고 유 선생님을 찾아갔다.

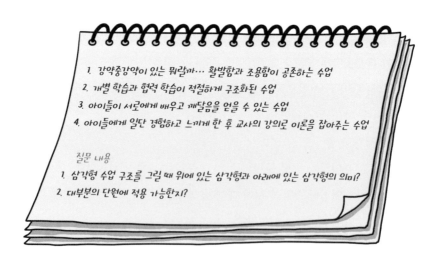

34 208쪽 '배움일지' 참고

"유 선생님 수업은 뭐랄까 강약중강약이 있는…… 그러니까 풀었다 묶었다 풀었다 묶었다…… 오케스트라 연주를 보는 것 같았어요. 악기를 잡을 줄도 모르는 아이들을 데리고 힘들이시지 않고……. 요약하기는 중요하기는 하지만, 저는 학생들이 어려워해서 수업하기 힘들었거든요. 특히 학생들이 의견을 나눌 때 서로에게 배우며 참여하는 것이 놀라웠어요. 함께 공부하는 모습에서 '성장 마인드가 이거구나.' 하고 느껴졌어요."

"수업 시간에 학생들이 함께 배우고 더불어 성장한다는 배움연대를 형성하는 것은 아주 중요해요. 특히 지혜와 같은 학생들은 이런 경험을 바탕으로 배움에 대한 책임감을 갖게 하는 것이 필요합니다. 물론 한 번에 되지 않습니다. 어려워요. 그래도 계속 고민하고 시도하면 학생들에게 진정한 참여가 일어날 수 있게 도울 수 있을 것이라 믿어요. 제가 힘들이지 않고 수업하는 것처럼 보였나요?"

"네. 그런데 그렇게 하기 위해서 수업 전에 촘촘하게 수업 구조를 설계하신다는 것을 알았어요."

"참여를 위한 수업 구조에서는 활동 구획을 나눌 때 수업 꺾기[35] 등을 고려해야 하죠. 학생들은 너무도 금방 싫증을 내는 예민한 고객들이니까요. 균형을 이루는 활동 배치, 시간의 분배 등을 고려하여 촘촘한 수업 구조를 짜야 합니다. 참여를 위해서 어떻게 수업을 구조화해야 하는지에 대해 안다면 도움이 될 겁니다."

---

35 수업 꺾기는 학생들이 집중할 수 있는 시간과 에너지를 고려하여 수업에 변화를 주는 것이다. 하나의 주제로 수업을 하지만 그 안에 동적인 활동과 정적인 활동, 발산적 사고와 수렴적 사고 등을 적절하게 사용하여 배움에 서서히 스며들 수 있게 해야 한다.

유 선생님이 말한 '참여를 위해 어떻게 수업을 구조화할까?'에 대한 답은 다음의 두 가지로 정리할 수 있다.

① 정 - 동 - 정

뇌는 주의·집중 시기가 높은 시기와 낮은 시기가 주기적으로 나타나는데, 보통 뇌의 주의·집중력 주기는 학습자의 나이에서 2분을 더하거나 뺀 것과 같다. 그러므로 학생들의 주의가 흐트러질 만할 때 2분에서 5분 정도 짧게 쉬거나 배운 내용을 새롭게 적용해 볼 수 있는 활동을 곁들이면 학습 효과가 가장 좋다. 효율적인 수업을 위해서는 여러 교수 전달 방식을 마련하여 이를 번갈아 활용하거나 고도의 집중력이 필요한 학습 과제와 쉬엄쉬엄 할 수 있는 학습 과제를 번갈아 제시하는 것이 좋다. 수업 시간이 긴 경우에는 작은 단위로 시간을 나누어 수업을 구성하고, 학생들이 수업의 시작과 끝을 여러 번 경험하도록 하는 것이 좋다.[36]

학생들이 집중할 수 있는 시간은 그다지 길지 않다. 그러므로 수업 구조에서 작은 활동들을 배치하면 효과적이다. 커다란 활동 안에서 조금씩 다른 활동을 주면 학생들의 주의·집중을 도울 수 있다. 그리고 이 활동은 정적인 활동과 동적인 활동이 잘 조화되어야 한다. 나 선생님의 수업처럼 동적인 활동만으로 이루어진다면 겉으로는 학생들의 참여가 잘 일어나는 것처럼 보일지 모르나, 수업이 산만해지기 쉽다. 또한 배움을 묶고 정리할 시간이 없어 진정한 참여가 일어나기 어렵다. 반대로 정적인 활동만 계속된다면 학생들이 지루함을 느껴 집중력을 잃고 참

---

36 베리 코빈, 《10대를 몰입시키는 뇌기반 수업 원리 10》, 한국뇌기반교육연구소, 2013

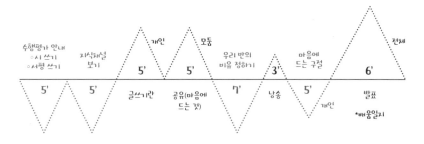

수업 구조 사례 1

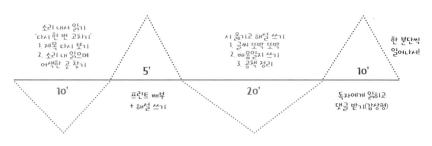

수업 구조 사례 2

여하기 힘들어할 것이다.

　그렇다면 동적인 활동과 정적인 활동은 무엇일까? 동적인 활동은 대체로 발산적인 사고를, 정적인 활동은 대체로 수렴적인 사고를 활용하는 활동을 의미한다. 예를 들어, 협력이 필요한 활동이나 서로 대화를 나누고 활발한 논의가 일어나는 활동 등은 동적인 활동이라 할 수 있다. 개별 학습 등으로 활동에 앞서 자신이 무엇을 배워야 하는지, 자신의 목표는 무엇인지, 이 수업을 통해 어떤 유익함을 얻을 수 있는지 등을 생각하는 것은 정적인 활동이라 할 수 있다. 동적인 활동을 통해 사고를 확장하고 발산시킨 후 정적인 활동을 통해 이를 수렴적 사고로 묶어 줄 필요가 있다. 이것이 유 선생님이 말한 '수업 꺾기'이다. 물론 몇 번을 꺾어 줘야 하는지, 시간 분배는 어떻게 해야 하는지는 수업에 따라 다르다. '정-동-정'의 수업 구조는 학생들의 몰입을 도울 수 있다. 이를 통해, 활발한 활동을 한 후 무엇을 배웠는지 파악하기 어렵다는 지혜와 같은 학생의 수를 줄일 수 있을 것이다.

제시한 수업 구조 사례에서 선 아래에 있는 삼각형은 정적인 활동을, 위에 있는 삼각형은 동적인 활동을 의미한다. 수업에 따라 구획(삼각형)의 개수, 크기, 배치, 시간 등을 교사가 구조화할 수 있다.

② 경험 - 깨달음 - 이론

다음의 표에서 가장 이해하기 쉽고 기억하기 쉬운 수업 패턴은 무엇일까? 물론, 어떤 수업이냐에 따라 다르겠지만, 일반적으로 가장 효율적인 구조는 D이다. 먼저 학생들이 직접 경험하게 하고 이를 통해 스스로 깨달음을 얻게 한다. 그 후에 이론으로 분명하게 정리를 하는 것이다. 그러나 대부분의 수업이 '이론'만 전달하거나 혹은 '경험'만 하고 끝나 버린다. 경험을 하게 했으면 깨닫게 하고, 이를 이론으로 묶어 주는 것이 필요하다.

	수업 패턴				
A	이론	→	경험	→	깨달음
B	경험	→	이론	→	깨달음
C	깨달음	→	경험	→	이론
D	경험	→	깨달음	→	이론

유 선생님 수업에서 학생들은 '팬픽'에 관한 글을 요약하기 위해 읽는다. 유 선생님은 학생들이 흥미를 느낄 만한 소재의 글을 선택했으나 요약하기 쉬운 글은 아니다. 학생들은 요약하는 방법 같은 이론을 먼저 배우지 않고 각자 '요약하기' 활동을 경험해 본다. 그리고 간단하지만 아주 유용한 도구를 활용한다. 바로 중요하다고 생각하는 단어에 동그라미를 하는 것이다. 학생마다 동그라미의 개수도 위치도 조금씩 다를 것이다. 학생들은 각자의 수준에 따라 다른 경험을 할 것이다. 하지만 모두 수업에 참여하는 구조이다.

요약하기 활동을 경험한 학생들은 각자 다른 것을 깨닫게 될 것이다. 그리고 자신이 한 활동과 친구들의 활동을 공유하며 또 다른 깨달음을 얻을 것이다. 예를 들어, '자기만의 요약하기 방법'부터 '재미있다, 어렵다' 등의 느낌, 친구들과 의견을 나누면서 얻은 '자신이 발견하지 못한 새로운 깨달음' 같은 것들이다.

이론을 스스로 깨우친 학생이 있을 수도 있지만 그렇지 않아도 괜찮다. 학생들은 먼저 경험함으로써 자신이 새로운 지식을 만드는 과정에 참여한 것으로 충분하며, 이런 경험이 쌓여서 창의적으로 자신만의 이론을 생산할 수 있다. 또한 친구들과 의견을 나누며 자신이 미처 생각하지 못했던 것을 알게 되는데, 이런 경험이 수업에서 배움을 즐기고 함께 성장하는 기쁨을 아는 사람으로 성장할 수 있게 한다. 친구들과 함께 참여할 때 더 즐겁고 다양한 생각이 발산·수렴되며, 이는 더 많은 배움으로 연결된다.

유 선생님의 수업에서는 학생들에게 경험과 깨달음의 시간을 준 뒤에 선생님의 강의가 이어지는데, 이 부분이 이론이다. 이론을 먼저 하면 이에 대한 지식이 전혀 없는 학생들, 특히 성취 경험이 없는 학생들은 지레 겁을 먹거나 포기할 수 있다. 지루한 공부가 시작될 것이라는 편견이 생겨 수업에 참여하지 않을 수도 있다. 그러나 수업에 자연스럽게 참여하는 경험을 통해 다양한 배움을 깨닫고 마지막에 이론을 덧붙여 묶어 준다면, 참여와 배움의 계단을 잇는 수업 구조가 될 수 있다.

열린 매듭

수업 장면에서 학생들이 스스로 배움의 과정에 푹 빠져 재미를 느낀다면 얼마나 좋을까? 안타깝지만 우리가 교실에서 만나는 학생들은 갈수록 배움의 즐거움을 잃어버리고 수업에서 소외되거나 평가 결과만을 생각하며 수동적인 참여를 한다. 그리고 교사들은 이런 수업 상황에 지쳐 수업 소외자를 외면하기도 하고, 평가를 무기 삼아 학생들을 움직이기도 하고, 수업 철학이나 목표보다는 수업 기법에만 관심을 가지기도 한다.

코칭수업에서는 교실에서 만나는 학생들이 배움에 스스로 걸어 들어가는 본성을 가지고 있다고 믿는다. 참여를 고민하는 가장 큰 이유는 학생들의 그러한 본성을 깨우기 위해서이다. 교사는 학생들의 성장을 돕는 협력자로서 학생이 스스로 배움에 참여할 수 있도록 도와야 한다. 이때 중요한 것이 학생이 참여를 통해 몰입을 경험하게 하는 것과 참여가 일어날 수 있는 수업 구조를 고민하는 것이다.

우스갯소리로 '교사가 거저먹을 수 있는 수업이 최고의 수업'이라고 말한다. 우스갯소리지만, 달리 생각해 보면 코칭수업에서 말하는 배움의 본질을 꿰뚫고 있는 말이기도 하다. 교사가 수업 설계를 촘촘히 하여, 수업에서 교사가 최소한으로 개입하고 학생들 스스로 배울 수 있다면 최고의 수업이 아닐까.

민호와 같은 학생들을 우리는 '수업 소외자'라고 부른다. 교실 책상에는 앉아 있지만 수업 활동에 거의 참여하지 않기 때문이다. 함께 배우는 즐거움을 갖지 못한다는 점에서 지혜도 어찌 보면 수업 소외자이다. 갈수록 많아지는 이런 학생들에게 교사는 연민의 마음을 가져야 한다. 모든 학생이 수업에 즐겁게 참여하고 반짝반짝 빛나는 눈빛으로 상호 소통하고 피드백하며 '내가 해냈어.' 하는 성취감을 느끼게 한다는 것은 어쩌면 이상일 수 있다. 하지만 학생 한 명이라도 자신의 시간으로부터 소외되지 않도록, 즉 수업 소외자를 최소화할 수 있도록 수업을 설계하는 것은 교사의 버릴 수 없는 의무이다. 더 나아가 학생들이 배움의 기쁨을 함께 나누며 성장할 수 있도록 도울 수 있다면 얼마나 좋을까.

수업을 고민하시는 선생님께

● 수업에 참여하여 몰입하는 학생들의 모습은 어떨까요?

● 참여를 방해하는 것이 있다면 무엇인가요?

● 참여가 있는 수업을 위해 실천하고 싶은 것은 무엇인가요?

3

깨달음을 주고받는 수업

질문 **왜 깨달음을 고민해야 할까?**

'언어의 역사성'에 관한 수업 중 지루한 표정으로 앉아 있던 나래가 불쑥 한마디 뱉는다.

> 나래 선생님, 옛날에 썼던 말 배워서 뭐해요? 지금 문법도 제대로 모르는데 16세기 국어 알아서 뭐에 써먹어요?
>
> 나 선생님 그러게. (난감해하며 잠시 생각하다가) 그럼 너는 뭘 배웠으면 좋겠니?
>
> 나래 당장 써먹을 수 있는 거요. 제 현실에 팍팍 와 닿는.
>
> 나 선생님 현실에 팍팍?

나래 네. 어른들이 가르쳐 주고 싶은 거 말고 우리가 배우고 싶은 걸 가르쳐 주면 너무 좋겠어요.

솔지 당근! 그러면 진짜 너무 좋겠다.

나 선생님 흐흠. 어째 선생님 귀엔 은근슬쩍 놀자는 소리로 들릴까? 좋아. (무언가 생각난 듯이 칠판에 '너무 좋겠다'라고 쓴다.) 이 말 무슨 뜻인지 아는 사람?

솔지 짱 좋겠다고요.

나 선생님 짱?

지혜 아주 많이, 매우, 좋다고요. 쌤, 세대 차이 느껴요.

나 선생님 그렇지? 사실 선생님이 어렸을 땐 '너무'를 그런 뜻으로 쓰지 않았거든. '너무'는 '지나치게'란 뜻으로 부정적인 상황에서만 사용했었어.

그런데 어느 순간부터 이 말을 솔지가 말한 의미로 쓰기 시작했고, 그 쓰임이 대중화되면서 이제는 긍정적인 상황에서 쓰는 경우도 표준어로 인정하게 된 거야. 이젠 방송 자막에서 '너무'를 애써 '매우'나 '무척' 등으로 바꾸는 일도 사라지게 되겠지?

지혜 같은 단어가 그렇게 뜻이 달라지기도 해요? 그럼, 지금 우리가 쓰고 있는 말도 의미가 달라질 수 있겠네요?

나 선생님 어떻게 알았어? 아마도 지혜가 미래 손자한테 세대 차이 난다는 말을 들을 수도 있을걸. '너무' 같은 예가 또 있을까?

나래 아까…… 당근?

나 선생님 먹는 당근은 아니지? 그래, 당근이 '당연하다'는 의미로 쓰이기 시작한 게 언제부터인지는 모르겠지만 해당될 것 같구나. 그런데 '너무' 하고는 좀 다른 면이 있는 것도 같고.

학생들 (웅성웅성)

성주 그러고 보니 의미는 16세기와 비교해서만 달라진 게 아니라 지금도 계속 변하고 있네요?

나 선생님 의미만 그럴까?

칠성 짜장면!

보배 그래. 자장면에서 짜장면으로!

나 선생님 형태가 바뀐 예구나.

지수 그러니까 언어의 역사성이라는 게 언어가 변한다는 것, 지금도 조금씩 언어는 변하고 있다는 거구나.

나 선생님 오호! 거기까지 알아챘으면, 아까 나래 질문에 대답해 줄 사람? 옛말을 배워서 뭐하냐고 했지?

지혜 음…… 옛말의 변화를 보면 언어가 변한다는 속성, 그리고 변하는 양상, 변화가 일어나는 이유들, 뭐 그런 걸 알 수 있어요. 언어의 변화는 현재 진행형이니까 지금 우리가 쓰는 말들의 변화에 대해서도 이해할 수 있고요.

나 선생님 와, 놀랍네! 맞아, 그런 면도 있지. 또 다른 답을 줄 친구 있니?

나래 (혼잣말로, 그러나 들으라는 듯) 그래서? 이걸 왜 배워야 하는 거냐고……. 시험 보고 나면 싹 잊어버릴 걸. 이거 모른다고 해서 당장 말을 못 하는 것도 아니고.

나 선생님 (당황한 낯빛을 감추며) 좋아. 지혜의 대답이 완벽했나 봐? (나래의 혼잣말을 들었지만 모른 척하고 진도를 나간다. 하지만 한편으로 계속 마음이 쓰인다.)

나 선생님은 학생의 질문을 받고 난감해한다. 그 질문에 답을 하지 못하고 주저하다가 학생들에게 질문을 하나 한다. 학생들은 대답을 하고 이야기를 나누면서 언어의 역사성을 이해하게 된다. 그 과정에서 나 선생님은 학생들이 스스로 생각하고 궁리하다 새로운 앎에 이르게 되는 것을 보게 된다. 이 수업에서 무엇이 학생들 스스로 새로운 앎에 도달할 수 있도록 했을까?

그런가 하면 나 선생님은 '왜 배우냐?'라는 학생의 질문에 만족할 만한 답을 주지 못한다. 그러고는 학생이 공부를 해야 하는 명분을 스스로 깨달을 수 있는 수업에 대해 고민한다.

그렇다면 수업에서 깨달음이 왜 중요할까? 또한 코칭수업에서 말하는 '깨달음'이란 무엇일까? 그리고 어떻게 하면 학생들이 깨달음에 이르도록 할 수 있을까?

고민 **깨달음이란 무엇일까?**

나 선생님은 수업을 잘 마무리하였다. 학생들의 호응으로 의도치 않게 잘 풀린 셈이다. 그런데 마음이 영 편치 않다. 수업이 잘 풀려 나갔지만, 어떻게 해서 그런 일이 일어났는지 쉽게 정리하지 못했기 때문이다. 특별한 수업 구조나 전략을 의도적으로 계획한 것도 아니었다. 질문과 대답이 오가면서 학생들 스스로 새로운 앎에 접근해 가는 것이 놀라웠다. 도대체 어떤 작용들이 일어난 것일까? 게다가 나래의 혼잣말이 자신에게 던지는 질문이라는 것을 알면서도 외면할 수밖에 없었던 나 선생님은 교실 문을 나서면서도 뒤통수가 따가웠다. 나 선생님은 왜 대답을 하지 못하고 회피해 버렸을까? 시간이 충분히 있었다면 대답해 줬을까? 공부를 해야 하는 명분을 학생 스스로 느끼도록 할 수 있을까?

교과서 내용을 중심으로 이루어지는 교실 수업이 학생들의 삶과 연결되지 못하고 있다는 것은 나 선생님의 오래된 고민이었다. 더군다나 나 선생님은 '왜 가르쳐야 하는지'에 대한 답도 하지 못할 것 같았다.

'나는 왜 수업에서 배우는 것들이 우리가 살아가는 데 정말 필요한 것이라고 분명하게 말하지 못할까? 학교에서의 배움이 학생들의 미래뿐만 아니라 현재의 삶을 이끌고 지탱할 힘이 되게 할 수는 없을까? 배우면서 배움의 의미를 깨우치도록 할 수는 없는 걸까?'

심난한 표정으로 연방 손가락에 낀 볼펜만 돌리고 있는 나 선생님에게 유 선생님이 다가왔다.

나 선생님은 오늘 수업에서 있었던 일을 유 선생님에게 솔직하게 얘기했다.

"이런저런 생각에 혼란스럽죠? 요새 나 선생님께서 수업에 대해 깊이 고민하시다 보니 전에는 느끼지 못했던 것들을 새롭게 느끼시는 것 같아요."

"그러고 보니 유 선생님 말씀이 맞네요. 요새 제가 고민하는 지점은 두 가지예요. 하나는 '학생들은 어떤 과정을 거쳐 깨달음에 이를까?', '어떻게 하면 깨달음이 있는 수업을 할 수 있을까?' 하는 거예요. 또 하나는 왜 배우는가에 대한 대답을 학생들 스스로 찾을 수 있도록 돕고 싶다는 거고요."

"아, 굉장히 중요한 것들이네요. 이 두 가지를 스스로 알아차리셨다니 대단해요. 그냥 넘겨 버릴 수도 있었을 텐데, 교실 수업을 낯설게 보고 새롭게 인식하시게 되셨군요. 그럼 그 질문에 답하기 전에 그런 궁금증을 가진 선생님부터 살펴볼까요? 나 선생님은 어때요? 선생님은 왜 이 일을 하고 계시는지 생각해 보신 적이 있어요?"

"음…… 글쎄요. 생각 없이 이 일을 하고 있는 건 아니지만, 그렇게 물으시니 바로 말씀드리기는 어렵네요."

"제가 보기에 나 선생님은 참 유능한 분이세요. 학생들을 가르치기 위해 필요한 교과 지식과 교육학적 지식도 충분하시고, 학생과 소통도 잘하시고요. 그런데도 끊임없이 뭔가를 계속 배우려고 노력하시잖아요. 수업에 대해 고민하시고요. 이유가 뭐예요?"

"저는 이 일이 좋아요. 학생들과 다른 사람들에게 인정받고 싶고, 저 스스로도 인정할 만한 교사가 되고 싶어요. 학생들에게 '그 선생님 참 좋은 분이셨어.'라고 기억되는 사람이 되고 싶죠. '좋은 선생님'이라는 말 안에는 많은 의미가 포함돼 있잖아요. 잘 가르치는 교사, 수업에 감동이 있는 교사, 학생들의 삶에 긍정적인 영향력을 끼치는 교사…… 머릿속이 정리가 안 돼서 제대로 표현은 못하겠지만 제가 바라는 교사로 성장하기 위해 노력하고 있다고 말씀드리고 싶네요."

"정리가 안 됐다고 얘기했지만, 질문에 대한 답을 이미 가지고 계시네요. 나래 학생도 질문하는 그 순간에 이미 스스로 답을 갖고 있지 않을까요? 오늘 다른 학생들이 '언어의 역사성'에 대한 질문과 답변을 통해 스스로 그 의미를 깨닫게 된 것처럼 말예요. 자기 안의 답을 스스로 깨달을 수 있게 하는 수업에 대해서 같이 고민해 볼까요?"

학생들이 학교에서 하는 공부가 무의미하게 느껴진다고 말할 때가 있다. 그럴 때 참 난감하다. 그러나 이런 말을 한다는 것 자체는 스스로 자신을 둘러싼 것들의 의미를 찾아 나가고 있다는 반증이기도 하다. 코칭수업에서는 이것을 어떻게 바라보는가? 의미의 발견은 학생의 몫이며 교사는 그것을 돕는 협력자로서의 역할을 한다. 학생이 스스로 생각하여 의미를 발견하고 그것을 자신의 삶과 연결하는 과정을 '깨달음'이라는 측면에서 살펴보자.

수업에서 소통과 참여가 '과정의 꽃'이라고 한다면, 깨달음은 '수업의 열매'라고 할 수 있다. 수업의 열매를 앎이나 지식이라 하지 않고 깨달음이라 한 것은 배움의 중심에 학생이 있다는 것을 강조하기 위해서이다.

깨달음이란 어떤 것에 대하여 스스로 생각하고 궁리하는 과정에서 기존의 앎과는 다른, 혹은 그것을 뛰어넘는 것을 알게 되거나 느끼게 되는 것을 말한다. 학생이 무엇인가를 깨달았을 때에는 지식에 대한 이해의 수준을 넘어서 그것을 자신의 삶과 연결시킨다. 배움의 내용이 자신의 삶과 연결되어 있음을 알게 되고 스스로 의미를 부여하면서 점차 '나'의 밖에 있는 것들에까지 관심이 이어진다. 의미 있는 배움, 가치 있는 배움은 '나'에 머물러 있지 않고, 나의 옆에 있는 친구, 우리 동네 구멍가게, 굶주린 난민, 녹아내리는 빙하까지도 생각하게 한다. 이것이 교육을 통해 이루고자 하는 성장과 긍정적 변화의 지향점이라 할 수 있다. 깨달음은 수업에서 배운 내용이 학생의 성장과 변화로 이어지는 시작점이다.

수업에서 학생의 깨달음이 중요한 이유는 삶과의 연결, 성장이라는 측면에서 뿐만 아니라 배움에 대한 욕구라는 측면에서도 살펴볼 수 있다. 무언가를 깨닫게 되면 대개는 그것과 연결된 새로운 관심이 생긴다. 나에게 의미 있게 다가온 그 배움을 다시 한 번 들여다보고 싶어질 뿐만 아니라 더 배우고자 하는 욕구가 생겨난다. 수업에서 배운 내용 이상의 것을 유추하고 상상하면서 깨달음은 배움의 지속성으로 연결된다.

따라서 교사는 학생들이 깨달음에 이르게 되는 수업 구조에 대해 고민하지 않을 수 없다. 물론 깨달음을 위한 구조 없이도 깨달음이 일어나는 것을 경험하지 않았느냐고 반박하는 이들도 있을 것이다. 맞는 얘기다. 그러나 의도된 수업 구조가 학생들을 깨달음으로 인도할 확률을 높여 준다면 그것으로 고민의 가치가 충분하지 않을까? 그렇다면 어떻게 깨닫게 할 것인가?

나눔 <u>어떻게 깨닫게 할까?</u>

유 선생님 어제 대근이가 말한 내용으로 토론 수업을 해 봅시다. 오늘 토론 주제는 부정문으로 만들어 보겠습니다. 대근이가 말한 그대로입니다. '대

근이는 학교를 다닐 필요가 없다.'입니다. 참고로 상황 설명을 덧붙이자면, 대근이는 아버지가 사업체를 물려주실 거라서 굳이 골치 아프게 공부 안 해도 먹고살 수 있어요. 게다가 학교 공부를 잘하는 것도 아니어서 자리에 앉아 시간만 때우는 학교생활을 그만두고 싶다고 말했습니다. 맞지요, 대근?

대근 네. 근데 선생님이 '제 고민을 토론 주제로 하면 어떨까?'라고 하셔서 재밌겠다고 했지만, 그냥 그런 생각이 든다는 거였는데 일이 커진 것 같네요. 민망하게 왜 그러세요.

(아이들 다 함께 웃는다. 대근이는 평소에 아이들과 관계가 좋은 편이라 아이들도 이 토론 주제에 관심을 갖는다.)

유 선생님 그럼 다른 주제로 할까요?

대근 아니 뭐, 그럴 것까지야. 재밌을 것 같아요. 해 봅시다. 헤헤.

유 선생님 그럼 토론 진행하겠습니다. 먼저 신호등 카드로 찬반을 표시해 주세요. (찬성 4, 반대 6 정도의 비율을 보인다.) 찬성표를 던진 학생 중에서 왜 그렇게 생각했는지 말해 볼 사람?

찬효 저요. 저는 대근이가 마냥 부럽습니다. 이 나이에 자기한테 아무 의미도 없는 공부를 붙잡고 있는 것은 시간 낭비라고 생각합니다.

유 선생님 음…… 찬효의 생각을 보충해 줄 다른 친구 있나요?

수훈 저도 비슷한 생각입니다. 우리가 학교를 그만두지 못하는 것은 인생이 잘못되면 어떡하나 하는 막연한 두려움 때문인데, 대근이는 공부만 싫어하지, 운동도 잘하고 나쁜 짓도 안 하는 애니까 학교에서 시간 낭비하지 말고 자기가 좋아하고 잘하는 것 찾는 것도 나쁘지 않은 것 같아요.

민성 저는 찬효 생각에 반대합니다. 부자가 3대를 못 간다는 말도 있지요. 아버지 재산을 믿고 있다가 예상치 않은 일이 생기면 대근이는 어떻게 살아갑니까?

재원 음, 공부만 하려고 학교에 나오는 거라면 인터넷 강의를 듣지 왜 학교에 나옵니까? 학교에서는 공부도 하지만 친구를 만나고 좋은 관계를 유지하는 법을 터득하기도 합니다. 또 학교는 규칙과 질서를 지키면서 다른 사람과 살아가는 법을 연습하는 곳이기도 하지요. 이런 걸 어디 가서 배우겠습니까?

승범 대근이는 여자 되게 좋아하는데, 대근이가 고등학교 졸업 안 하면 대근이 돈만 보고 좋아할 속 빈 여자 만날 가능성이 많습니다. 안 됩니다.

순찬 왜 이렇게 몰아치냐? 니들이 좋아하는 연예인, 운동선수들 학교 안 다니고도 잘 살아. 무슨 학교가 인생의 필요충분조건처럼 얘기하는데, 그냥 기본적인 필요조건 정도인 거라고. 대근이 수업 시간마다 만날 엎드려 있잖아. 안 엎드리면 옆 친구랑 떠들게 되는데, 그러면 수업 방해한다고 야단만 맞고…….

승재 필요충분조건? 수학적으로 말하네. 그러면 저는 확률로 얘기해 보겠습니다. 학교 공부 때려치우고 연예인만 바라기 하는 애들 중 몇 퍼센트나 성공하나요? 만화 그리기 좋아한다고 만화가로 먹고살 확률이 얼마나 되냐고요? 우리가 공부하는 것은 이게 어떻게 쓰일지 모르는 보험을 들어 놓는 거라고요.

대근 아이고, 애들아. 그만해, 그만. 학교 잘 다닌다고, 다녀. 그냥 힘들다고 말한 것뿐이야.

유 선생님 여러분, 솔직하게 말해 주어 고맙습니다. 우리는 생활하면서 무척 힘이 들고 허탈할 때가 있죠. 지금 하는 일이 무의미하게 느껴질 때도 있고요. 하지만 다들 하니 어쩔 수 없다고 생각하며 그냥 지나쳐요. 그런데 우리는 대근이가 툭 던진 말 덕분에 재미있는 토론을 하게 되었어요. 대근이가 힘들어하는 게 무엇인지 함께 찾아볼까요? 그것은 우리도 힘들어하는 것일 수 있어요. 우선 음악을 들으며 생각나는 대로 A4 용지에 그림도 그리고 떠오르는 단어를 자유롭게 적어 보세요.

(5분 정도 음악을 들으며 생각하게 한 후, 4명이 한 모둠이 되도록 자리 배치를 한다. 그 후 돌아가면서 떠오른 단어 또는 이미지에 대해 말한다. 이때 구체적인 장면이나 사건을 함께 말해도 좋다. 모둠원들과 대화를 나눈 후에는 다시 자신의 문제를 A4 용지에 한 문장으로 정리하여 칠판에 붙인다.)

유 선생님 친구들과 나눈 얘기 중에 함께 공유하면 좋을 얘기를 모둠에서 하나씩만 발표해 볼까요?

수업을 참관하고 나서 나 선생님의 고민은 더 깊어졌다. 학생 개개인의 문제를 끌어와 수업 속에 자연스럽게 녹여내는 이런 수업은 아무래도 할 수 없을 것만 같아 자신감이 뚝뚝 떨어졌다.

"유 선생님, 지난번 저와 나눈 대화 때문에 일부러 이런 수업을 설계하셨나요? 참관하는 동안 내내 한 대 맞은 기분이었어요."

"선생님, 이 단원은 교육과정에 있는 단원이에요. '자신의 생각을 적절한 근거를 대며 이야기하고, 다른 사람이 하는 말을 경청한다.' 이게 오늘 수업의 성취 목표랍니다. 학생들이 지나가며 하는 말 중에서 주제만 골라 잡은 거예요. 수업의 의미를 찾지 못하는 학생 때문에 고민하셨죠? 그런데 선생님과 대화를 나누다가 '학생들 안에 이미 그 답이 있겠구나.' 하는 생각이 들었어요. 결국 우리가 하는 일도 그 답을 학생들이 스스로 찾도록 도와주는 일이겠다 싶더군요. 깨달음은 학생의 몫이겠구나, 하는 깨달음?"

"아! 교사는 학생에게서 답을 찾고, 학생이 스스로 그것을 깨달을 수 있도록 도와준다? 깨달음은 주입식으로 얻을 수 있는 것이 아니라는 말씀이시죠? 동의해요. 그런데 어떻게 하면 수업 시간에 학생들이 좀 더 쉽게 깨닫게 할 수 있을까요?"

"선생님은 어떻게 생각하세요?"

"음…… 수업을 참관하면서 느낀 점이 있는데, 학생들이 자신의 생활과 직접적인 연관이 있는 주제에 대해서 집중하고 적극적으로 참여하고 적용하더라고요. 이런저런 궁리를 하면서 생각지도 못했던 대안들을 찾기도 하고요. 배움의 내용이 자신들의 경험과 연결되고 앞으로의 삶과 관련이 있다고 느낄 때 깨달음을 경험하게 되는 것 같았어요."

"아, 역시! 좋은 발견을 하셨네요. 이번 수업을 설계하면서 저는 깨달음과 관련하여 네 가지를 염두에 두었어요."

'어떻게 깨닫게 할까?'의 핵심은 다음의 네 가지로 요약할 수 있다. 첫째, 경험하게 하라. 둘째, 연결하게 하라. 셋째, 음미하게 하라. 넷째, 제 3의 눈으로 보게 하라.

① 경험하게 하라

수업에서 학생들이 경험할 수 있는 요소를 배치하는 것이 중요하다. 유 선생님은 화법 시간에 '자신의 생각을 적절한 근거를 대며 이야기하고, 다른 사람이 하는 말을 경청한다.'를 목표로 수업을 진행한다. 학생들은 실제로 제 나름의 근거를 들어 자신의 경험과 생각을 이야기하고 다른 친구들의 말을 경청하면서 또다시 반응한다. 학생들이 직접 경험할 수 있게 구성된 수업 구조는 학생들에게 다양한 자극을 주고 그 자극들을 종합할 수 있는 기회를 제공한다. 수업을 통해 학생들은 자기 안팎의 정보를 근간으로 새로운 의미를 창출함으로써 깨달음에 보다 쉽게 도달하게 된다. 요컨대, 깨달음은 뇌에서 일어나지만 그것은 온몸을 통해 온다고 말할 수 있다. 경험은 그 온몸을 자극하는 요소이다. 원효가 해골 물을 마시고 깨달음에 이르렀다는 예화는 역사적 진실성과는 별개로 경험과 깨달음의 관계를 상징적으로 보여 주는 강력한 사례라 하겠다.

② 연결하게 하라

우선 수업 목표가 학생의 삶과 연결되어야 한다. '이 수업이 나와 무슨 상관이란 말인가?'라는 생각으로 앉아 있는 학생에게 깨달음이 일어나기란 어렵다. 좀 냉소적으로 얘기하면 '이 수업은 나와 상관이 없구나.'라는 깨달음이 있을 뿐이다. 나아가 수업 내용 또한 학생의 실제 삶과 연결되도록 구성해야 한다.

유 선생님은 화법 수업에서 토론의 주제를 한 학생의 실제 고민으로 설정하였다. 그런데 그 고민은 수업이 진행되는 학급 전체 학생의 삶과도 무관하지 않다. 학생들은 자연스럽게 수업에 몰입하였고, 토론이 진행될수록 점점 더 다양한 의견이 오고 갔으며, 대근이는 물론 토론에 참여한 대다수 학생이 지금의 배움이 갖는 의미를 생각하고 깨닫게 되었다. 수업 내용을 학생의 삶과 밀접하게 연결하려면 학생들의 삶을 들여다보아야 한다. 특히 학생들이 사용하는 언어에 주목할 필요가 있다. 학생들의 언어에 대한 이해는 그들의 문화와 생활을 이해할 수 있는 열쇠이기 때문이다.

'연결하게 하라'는 것은 수업과 학생의 삶을 연결하라는 의미만을 말하는 것은 아니다. 교사는 수업 목표와 내용을 학생들의 삶과 연결하는 것은 물론 학생들이 배움을 자신과 자신을 둘러싼 타자(자기 밖에 존재하는 모든 것)와 연결할 수 있도록 구성해야 한다.

③ 음미하게 하라

배운 것을 자기 입장에서 다시 생각해 보고 음미하는 과정에서 배움은 학습자의 것이 된다. 이제 유 선생님의 화법 수업 후반부가 어떻게 진행되었는지 들여다보자.

유 선생님 당장 이 문제를 해결하기는 어렵다고 생각합니다. 그래도 막연히 문제라고 느끼면서 떠밀리듯이 생활하는 것보다 내 친구들이 나와 비슷한 생각을 하면서도 열심히 살아가고 있다는 것을 확인하는 것은 해결 방법의 실마리가 될 수 있습니다. 지금부터 칠판에 있는 친구들의 생각에 공감하는 말, 조언하는 말, 작은 해결 방안 등을 선생님이 주는 쪽지에 써서 붙여 주세요.

(유 선생님은 대근이가 말한 내용도 적어서 붙인다. 대근이 얘기를 한 직후라서 그런지 쪽지가 많이 붙는다.)

유 선생님 대근아! 친구들이 적어 놓은 의견 읽어 보니 기분이 어때?

대근 처음에는 놀림감이 되는 건 아닌가 걱정했는데, 친구들이 내 고민을 진지하게 생각해 주니 기분이 좋네요. 근데 선생님, 이게 수업과 무슨 상관이에요?

유 선생님 공부는 늘 어려운 과제에 도전해야만 공부인가? 이 시간은 화법 시간이잖아. 자신의 생각을 적절한 근거를 대며 이야기하고, 다른 사람이 하는 말을 경청하는 것이 수업 목표였어. 대근이는 오늘 수업 목표에 도달하지 못한 것 같아?

대근 아니요. 오늘 수업은 저에게 감동이었어요.

유 선생님 그 얘기 들으니 선생님도 감동이네. (학생들을 향해) 자, 이제 오늘 수업을 정리할 시간입니다. 각자 고민한 문제를 자기 책상에 상자가 놓여 있다고 생각하고 거기에 담아 소중히 포장하세요. 그리고 택배 아저씨를 불러 집으로 배달을 시키세요. 당장 해결할 수 없는 것은 차차 해결합시다. 함부로 버리지도 말고, 우습게 생각하지도 말되, 그 문제 때문에 지금 우리가 해야 할 일을 뒤로 미루지는 맙시다.

찬효 에이, 선생님. 이게 다 공부였다니……. 선생님 치사해요.

유 선생님 후훗. 끝으로 오늘 수업에서 느낀 점, 새롭게 알게 되거나 깨달은 점, 아쉬운 점을 각자의 '배움일지'에 적어 보세요. 다음 시간에 발표해 보도록 하겠습니다.

유 선생님은 수업 말미에 학생들이 자신의 고민을 집으로 보내는 상상을 하게 한다. 그러면서 그 고민들에 대해 다시 생각해 보고 음미해 보도록 이끈다. 그러한 과정 속에서 수업 내용들이 학생 개개인의 내면으로 들어가 개별적 의미를 지닌 또 다른 내용으로 재생산된다.

덧붙여서 복습[37]의 중요성을 얘기해야겠다. 교사들이 수업을 계획할 때 복습을 중요하게 생각하는 경우는 드물다. 그러나 학생들에게 수업의 내용이 의미 있게 남기 위해서는 복습이 필요하다. 복습은 수업 장면에서 의도적으로 구조화한 또 다른 음미이며 되새김질이기 때문이다. 이러한 되새김의 과정을 거쳐야 학생들이 소화할 수 있는 지적 양식이 된다.

④ 제 3의 눈으로 보게 하라

제 3의 눈으로 본다는 것은 새가 높은 곳에서 땅 아래를 보는 것처럼 객관적인 눈으로 자신 또는 수업의 과정을 바라보는 것을 의미한다. 자기 자신은 물론 수업의 과정을 객관적인 눈으로 바라볼 수 있는 힘은 쉽게 생기지 않는다. 교사가 수업의 말미에 학생 스스로 자신과 수업을 바라볼 수 있는 구조를 만들어 주어 반복적인 훈련의 기회를 제공할 때 학생들에게 그러한 힘이 생긴다. 배움일지나 수업 성찰일지와 같은 것을 실천하는 교사가 늘어나고 있다. 이는 수업을 되돌아보는 성

---

37 210쪽 '복습' 참고

찰이 배움과 성장을 일으키는 데 매우 중요한 역할을 한다는 인식이 확산된 결과일 것이다.

더불어 교사 스스로도 자신의 수업을 제 3의 눈으로 보는 연습을 통해 수업의 발전과 교사로서의 성장을 꾀할 수 있다.

"학생들이 수업을 통해 각자 깨달음에 이르고, 나아가 공부를 왜 하는지에 대한 의미와 가치를 발견하게 할 수만 있다면 교사로서 그보다 큰 보람은 없을 거예요. 깨달음이 있는 수업을 위한 기본 원리라고 할까요? 그네 가지에 대해 생각해 볼 수 있어서 제 고민이 약간은 해소됐어요."

"다행이네요. 그런데 '약간은?'이란 건 어떤 의미죠?"

"사실 네 가지 원리에 공감은 가지만, 그것을 실제 수업에 어떻게 구현할 것인지 막막해요. 항상 그랬던 것 같아요. 좋은 연수라고 해서 가서 들을 때는 막 뭔가가 달라질 것 같고 금방 적용할 수 있을 것 같은데, 현실은 그렇지 않거든요."

"그래요. 우리 모두의 고민이죠. 다이어트에 성공한 사람들의 성공기를 보면, 나도 그대로 해서 확 달라진 모습을 보여 주고 싶은데, 그게 안 되잖아요."

"와, 확 와 닿네요. 그래도 가끔은 성공하기도 해요. 옆에서 계속 체크해 주는 사람이 있거나 같이 하는 동료가 있으면 게으름을 덜 피우게 되더라고요. 서로 밀고 끄는 거죠."

"그럼, 우리 '깨달음을 위한 수업 구조'를 주제로 팀을 만들어 볼까요? 일단 한 달만 같이 실천해 보면 어때요?"

"좋아요, 선생님. 사실은 제가 부탁드리려고 했던 건데 먼저 말씀을 꺼내 주시니 제 맘이 한결 가벼워지네요."

깨달음을 위한 4가지 원리

"쇠뿔도 단 김에 빼랬다고, 다음 주에 할 수업 내용 중에서 깨달음을 위한 수업 구조의 원리를 적용한 수업 지도안을 한 차시 정도만 짜 볼까요?"

"좀 부담스럽지만 선생님과 함께라면 해 보고 싶어요. 수업을 계획하는 데 도움이 될 만한 책이나 자료가 있으면 소개해 주시겠어요? 저도 한번 찾아볼게요."

"그럼요. 지난번 코칭수업 연수 때 공부했던 자료가 있어요. 공유하도록 할게요. 자료 살펴보시고 같이 생각해 봐요."

"네. 어떤 수업이 펼쳐질지 기대돼요."

열린 매듭

깨달음이 있는 수업을 구조화한다는 것은 쉬운 일이 아니다. 무엇보다도 학생들이 깨닫게 되는 과정이나 깨닫는 순간이 확연하게 드러나는 경우가 드물기 때문이다.

깨달음의 순간을 코칭수업에서는 '아하!'의 순간이라 말하기도 한다. 학생들이 '아하'를 경험하게 하려면 수업을 어떻게 구성해야 할까?

설리번 선생님이 '컵'과 '물'의 차이를 가르칠 때 일이다. 설리번 선생님은 헬렌의 손가락 끝에 물을 적셔 주고 '물'이라는 글자를 손바닥에 썼다. 다음에는 컵을 만져 보게 하고 '컵'이라고 손가락으로 썼다. 설리번 선생님은 손가락 끝에다 물을 적시며, "헬렌, 이것이 무엇이라고 했지요?"라고 물었다.

"컵이요."

설리번 선생님은 컵을 만져 보게 한 후 다시 물었다.

"그럼, 이것은 무엇이지요?"

"물이요."

"아니, 아니지요. 축축한 것은 물이고, 단단한 것이 컵이에요."

설리번 선생님은 여러 번 반복해서 알려 주었지만, 헬렌은 계속 컵과 물을 반대로 썼다. 설리번 선생님은 헬렌이 물과 컵을 구별할 수 있는 좋은 방법에 대해 고민했다. 한참을 고민하던 선생님은 무릎을 탁 치고는 헬렌을 데리고 뒤뜰로 나갔다. 뒤뜰에는 물을 끌어 올리는 펌프가 있었다. 설리번 선생님은 컵을 든 헬렌의 손을 펌프의 꼭지 앞에 내밀게 했다. 그러고는 펌프의 손잡이를 힘껏 눌렀다. 차가운 물이 왈칵 솟구쳐 오르며 헬렌이 들고 있던 컵 위로 쏟아져 내렸다. 순간 헬렌은 무척 놀랐다. 설리번 선생님은 그 기회를 놓치지 않았다. 그리고 헬렌의 손바닥에 '물'이라고 썼다. 그 글자는 차가운 물의 감촉과 함께 헬렌의 머릿속에 깊이 남았다. 설리번 선생님은 이번에는 물을 쏟아 버리고 빈 컵을 만져 보게 한 후 '컵'이라고 썼다.

비로소 헬렌은 '물'과 '컵'의 차이를 알게 되었다. 이렇게 해서 헬렌은 30분 동안 30개 이상의 새로운 단어를 알게 되었다.

—《헬렌 켈러》, 한국헤밍웨이, 42~43쪽 참고로 수정함.

설리번 선생님은 헬렌이 물과 컵을 구별할 수 있는 좋은 방법에 대해 한참을 고민한다. 수업 구조에 대한 고민이다. 설리번은 떠오른 구조를 즉시 시행한다. 설리번이 교사로서 헬렌 켈러에게 주었던 도움에는 앞서 말한 깨달음을 위한 구조의 네 가지 원리가 녹아 있다. '경험하게 하라', '연결하게 하라', '음미하게 하라', '제 3의 눈으로 보게 하라'. 그녀는 헬렌에게 물과 컵을 경험하게 하고, 헬렌의 느낌을 언어로 연결하게 하였으며, 경험을 되풀이하면서 음미하게 하였다. 그 결과 헬렌은 깨달음의 순간을 맞이하게 되고, 그 배움의 경험은 또 다른 배움으로 이어졌다.

이 장면의 감동을 내 수업에서도 맛볼 수 있다면? 가슴 떨리는 일이다. 게다가 설리번처럼 깨달음을 위한 수업을 고민하는 과정에서 자신의 일에 대한 의미와 가치를 발견하게 되는 기쁨을 덤으로 얻게 된다면 행복하지 않겠는가?

수업을 고민하시는 선생님께

● 깨달음의 순간을 떠올려 보세요. 그때 어떤 일이 일어났나요? 느낌은 어땠나요?

● 선생님께서 생각하는 깨달음이 있는 수업이란 무엇인가요?

● 깨달음이 있는 수업을 위해 실천하고 싶은 것은 무엇인가요?

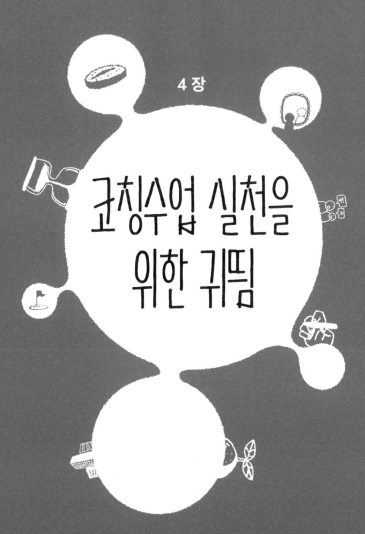

4장

코칭수업 실천을
위한 귀띔

게임(놀이) 전략

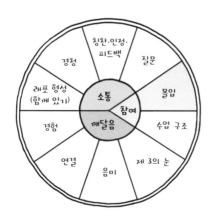

유의점

게임을 수업에 도입할 때는 학생들이 게임 자체에만 몰입하지 않도록 수업 목표와 충분히 연계시켜야 한다. 또한 45분 중 10분 이내로 시간을 제한하는 것이 필요하다.

흥미를 끌 만한 스토리가 있다.

쉽지도 어렵지도 않은, 도전해 볼 만한 미션이 주어진다.

미션을 완수하기 위해 계속 생각하게 만들며 전략을 짜게 한다.

낮은 레벨에서 다음 레벨로 올라갈 때 희열을 느끼며 게임에 몰입하게 된다.

이는 게임에 참여하는 사람들을 몰입하게 하기 위한 일반적인 전략으로, 수업에도 이를 적용할 수 있다. 게임(놀이)은 청소년의 뇌, 특히 수업에 참여하는 것을 힘들어하는 학생들의 뇌를 깨워 수업에 참여시키는 좋은 방법이다. 게임(놀이) 전략은 수업의 마중물, 수업 활동, 복습 등에 다양하게 활용할 수 있다. 쉽게 할 수 있고 도전감과 성취감을 느낄 수 있는 짧은 게임이나 놀이는 학생들을 수업에 참여시키는 좋은 도구가 될 수 있다.

1. 흐트러진 숫자 순서대로 찾기

흐트러진 숫자를 제한된 시간 동안 순서대로 찾게 한다.

2. 미로 찾기

미로의 시작점과 끝점을 확인한 후 미로를 통과하게 한다.

3. 기적의 계산법

일정 분량의 계산식을 주고 시간을 재며 집중해서 풀게 한다.

4. 단어 찾기 게임

수업 시간에 배울 핵심 단어를 카드로 만들어 책상에 펼쳐 놓는다. 교사가 단어를 부르면 학생이 단어 카드를 찾아 콕 집어서 가져간다. 카드가 많은 사람이 이긴다.

---

38 제시한 '흐트러진 숫자 순서대로 찾기', '미로 찾기', '기적의 계산법'은 고야나기 가즈히사의 《뇌력 트레이닝》(교학사, 2005)에 실려 있다.

흐트러진 숫자 순서대로 찾기[38]

1부터 순서대로 숫자를 찾아보자

아래 그림에는 1부터 50까지의 숫자가 있다. 1부터 순서대로 숫자를 찾아 ×로 지워 보자.

기준 시간	점수	스코어	50	49~41	40~32	31~23	22~14	13 이하
3분30초	점	점수	5	4	3	2	1	0

점수 매기는 방법　　　　　　　　　　　　　　　　스코어는 마지막에 지운 숫자이다.

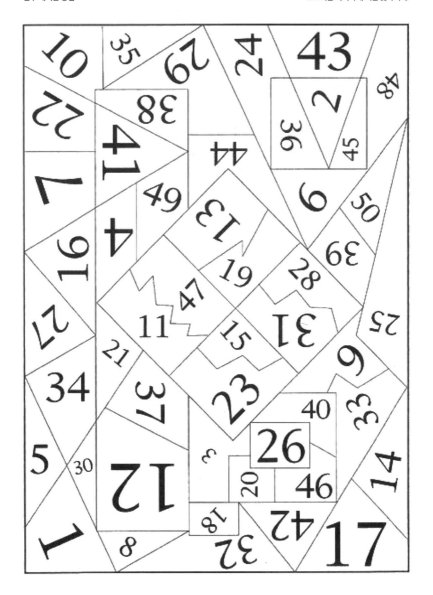

미로 찾기

걸린 시간 : (   )분 (   )초

기적의 계산법

걸린 시간 : (　　　)분 (　　　)초

① $2 \times 9 =$
② $3 \times 7 =$
③ $3 \times 6 =$
④ $8 \times 5 =$
⑤ $2 \times 5 =$
⑥ $4 \times 2 =$
⑦ $7 \times 6 =$
⑧ $2 \times 2 =$
⑨ $2 \times 4 =$
⑩ $5 \times 8 =$
⑪ $3 \times 3 =$
⑫ $3 \times 9 =$
⑬ $4 \times 3 =$
⑭ $6 \times 7 =$
⑮ $3 \times 4 =$
⑯ $9 \times 9 =$
⑰ $7 \times 8 =$
⑱ $4 \times 4 =$
⑲ $6 \times 2 =$
⑳ $2 \times 8 =$
㉑ $2 \times 6 =$
㉒ $9 \times 6 =$
㉓ $9 \times 8 =$
㉔ $5 \times 9 =$
㉕ $8 \times 3 =$
㉖ $8 \times 2 =$
㉗ $6 \times 6 =$
㉘ $9 \times 3 =$
㉙ $2 \times 7 =$
㉚ $4 \times 9 =$
㉛ $5 \times 3 =$
㉜ $8 \times 8 =$
㉝ $8 \times 6 =$
㉞ $8 \times 7 =$
㉟ $9 \times 2 =$
㊱ $4 \times 6 =$
㊲ $9 \times 7 =$
㊳ $4 \times 5 =$
㊴ $9 \times 5 =$
㊵ $8 \times 4 =$
㊶ $7 \times 7 =$
㊷ $7 \times 4 =$
㊸ $8 \times 9 =$
㊹ $2 \times 3 =$
㊺ $6 \times 4 =$
㊻ $7 \times 9 =$
㊼ $6 \times 9 =$
㊽ $4 \times 7 =$
㊾ $5 \times 2 =$
㊿ $5 \times 7 =$
(51) $9 \times 4 =$
(52) $3 \times 5 =$
(53) $3 \times 2 =$
(54) $7 \times 3 =$
(55) $4 \times 8 =$
(56) $5 \times 5 =$
(57) $3 \times 8 =$
(58) $7 \times 5 =$
(59) $5 \times 6 =$
(60) $7 \times 2 =$
(61) $6 \times 8 =$
(62) $5 \times 4 =$
(63) $6 \times 3 =$
(64) $6 \times 5 =$

단어 찾기 게임

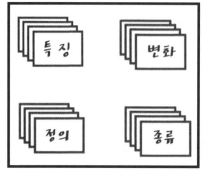

① 카드를 가져와서 4등분을 한 후 각자 소리 내어 읽는다.

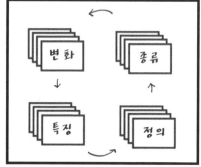

② 다 읽으면 반시계 방향으로 돌려 가며 카드의 단어를 소리 내어 읽는다.

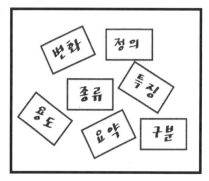

③ 카드를 글자가 보이도록 책상에 겹치지 않게 늘어놓는다.

④ 선생님이 부르는 단어를 듣고 검지로 찍은 후 가져간다. 동시에 집은 경우 거리가 먼 사람이 가져간다. 선생님이 다음 단어를 부르면 전 단어는 못 가져간다.

경청

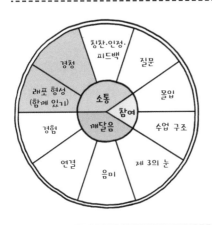

유의점

경청은 태도와 관련된다. 자꾸 반복하다 보면 습관이 되고, 이것이 태도로 표현되기 때문에, 교사는 학생들이 경청의 태도를 배울 수 있도록 수업 시간에 경청할 수 있는 구조를 설계해 주어야 한다. 무엇보다도 교사가 경청하는 태도를 보여 주는 것이 가장 중요하다.

'경(傾)'은 '몸과 마음을 기울인다.'라는 뜻이고, '청(聽)'은 '왕(王)의 이야기를 듣는 것같이 귀(耳)를 열고, 열(十) 개의 눈(目)으로 상대의 모든 움직임을 보고 느껴서 상대방의 마음(心)과 하나(一)가 되도록 한다.'라는 뜻이다.

따라서 '경청'은 상대의 말뿐만 아니라 말을 하고 있는 태도와 말 속에 담긴 의미, 가치, 욕구까지도 듣는 것이다.

1. LISTEN

- Lean Forward (몸을 앞으로 기울이고)
- Interest (호기심을 가지고)
- Smile (미소를 띠고)
- Tic-tac (맞장구치고)
- Eye contact (눈 맞추고)
- Nodding (고개 끄덕이고)

학생이 말하는 방향으로 몸을 기울이고, 호기심으로 눈을 반짝이며, 미소 띤 얼굴로 맞장구치는 교사 앞에서 자신을 표현하는 데 주저하는 학생들이 있을까?

2. 경청 규칙 정하기

학생들이 스스로 정한 규칙은 자신들이 발표하고 논의하는 과정의 참여도에 따라 그 효력이 유지된다. 학생들이 즐겁게 참여하도록 긍정적인 질문으로 시작하고 모두가 참여할 수 있는 형태로 논의하는 것이 좋다. 또 한 번 정한 규칙을 끝까지 밀고 가기보다는 잘 지켜지지 않는다고 느껴질 때는 규칙을 수정하는 유연성을 갖는 것이 효과적이다.

규칙을 정한 후에는 끊임없이 그 규칙을 떠올릴 수 있도록 반복하거나 눈에 보이게 하는 구조를 만들면 좋다.

① 경청의 의미가 무엇인지 이야기를 나누게 한다.
② 의미를 실현하기 위해서 어떻게 하면 좋을지 말하게 한다.
③ 모둠별로 토의한 다음에 한두 개의 규칙을 발표하게 하고 칠판에 적은 후, 중복된 의견이 많은 순서대로 정하거나 학생들이 자연스럽게 의견을 모을 수 있도록 토의한다.

④ 규칙은 세 개 이하가 적당하고, 긍정적인 문장으로 정하는 것이 좋다.
⑤ 학생들 스스로 규칙을 잘 지키겠다는 다짐을 한다.

3. 돌아가며 말하기

모둠 활동을 할 때 가장 간단하면서도 효과적으로 실천할 수 있는 경청의 방법이다. 단순히 순서대로 돌아가며 말하기보다는 앞사람의 말을 요약하여 말하고 난 뒤 자신의 의견을 말하는 방식으로 하면 좋다. 앞사람의 말을 요약하여 말하려면 자연스럽게 경청하게 되기 때문이다.

4. 메모하며 듣기

메모하며 듣기는 학생들이 경청을 하도록 돕는 효과적이고 의도적인 방법이다. 아주 간단한 토의, 토론이라도 메모를 하면 상대의 말을 집중하며 듣게 된다.

메모하기는 경청하는 태도를 유지시키는 것이 중요하므로 녹취의 내용에 매이지 않도록 해야 한다. 간혹 메모에만 집중하다 보면 오히려 경청에 방해가 될 때도 있다. 그러므로 다 받아 적어야 하는 것이 아니라 자신이 적을 수 있고 중요하다고 생각하는 것을 편하게 쓸 수 있는 여유를 주는 것이 좋다. 그리고 메모하기가 습관이 될 수 있도록 학생 활동지에 적을 수 있는 공간과 형식을 지속적으로 주는 것이 중요하다.

메타인지

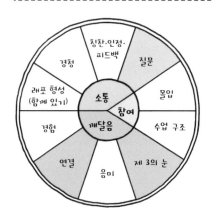

유의점

메타인지는 수업의 전 과정에서 일어나기 때문에 교사가 수업 중간에 학생들이 무엇을 하고 있는지 인지할 수 있도록 질문을 던져 주는 것이 중요하다.

학생들은 종종 자신이 무엇을 하고 있는지 모르거나 왜 하는지 생각하지 않고 과제를 할 때가 있다. 자신이 하고 있는 학습이 효과적인지 스스로 질문을 한다거나 과제 실행의 효율성을 평가하는 경우는 드물다. 그러나 효과적인 학습을 위해서는, 학습 활동을 할 때 자신이 무엇을 모르는지, 그것을 알기 위해서는 무엇이 필요하며 어떠한 전략을 써야 효과적인지 아는 것이 중요하다.

이처럼 메타인지란 '자신이 하는 행위나 말이 이 시점에서 왜 필요하고, 무엇 때문에 하는지 인식하고 판단하여 행동하는 사고 과정'으로, 교사와 학생에게 모두 중요한 것이다.

1. 학생들의 메타인지를 자극하는 질문

• 자신이 세운 학습 목표를 얼마나 달성했나요?

• 수업을 통해 무엇을 알게 되었나요?

• 잘 이해되지 않는 것은 무엇인가요?

• 더 궁금한 것은 무엇인가요?

• 궁금증을 어떻게 해결할 건가요?

• 배움을 발전시키기 위해 어떤 노력을 할 건가요?

• 배움을 발전시키기 위해 어떻게 실천할 건가요?

• 수업 활동에서 자신이 잘한 점은 무엇인가요?

• 수업 활동에서 다르게 해 볼 것은 무엇인가요?

• 위와 같이 실천한다면 수업에서 여러분의 모습은 어떻게 달라질까요?

• 오늘의 배움은 여러분에게 어떤 의미가 있나요?

• 오늘 배운 내용을 여러분 삶에 어떻게 활용할 계획인가요?

2. 교사의 메타인지를 자극하는 질문

• 이 활동을 왜 할까?

• 수업 목표나 단원과 어떤 관련이 있나?

• 이 활동이 이 단원에서 어떤 의미를 가질까?

• 지금 어떤 활동을 하고 있나?

배움일지

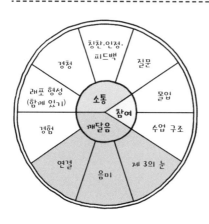

유의점

배움일지는 꾸준히 쓰게 하는 것이 중요하다. 한두 번 빼먹기 시작하면 학생들이 건성으로 쓰거나 안 써도 되는 것이라 생각할 수 있다. 질문은 세 개 정도가 적당하다. 질문에 익숙해질 때까지는 같은 패턴으로 주되 그 이후는 적절하게 바꿔 주면 학습 효과를 더 높일 수 있다.

'배움일지'란 학생이 수업을 통해 알고 깨달은 것을 서술하면서 배움의 과정을 음미하고, 자신의 삶과 연결하여 수업을 마무리하는 것이다. 복습이 배운 내용을 익히는 것이라면, 배움일지는 메타인지를 활용하여 수업 전 과정을 돌아보면서 그 시간에 배운 내용이 자신에게 어떤 의미인가를 생각하게 한다. 즉, 배운 내용만을 쓰는 것이 아니라 자신에게 의미 있는 내용을 기록하는 것이다. 또한 배운 내용을 공유하면서, 같은 수업이지만 사람마다 다르게 생각하고 배운다는 것을 인식하게 한다.

별도의 공책을 마련하기보다는 학습지 하단을 이용하여 교사의 질문에 답하는 형태로 쓰거나 일기를 쓰듯이 자유롭게 쓸 수도 있다.

① 수업 종료 2~5분 전 시간을 활용한다.
② 학습지 하단에 간단하게 아래와 같은 형태로 질문을 넣어 적게 한다.
- 새롭게 안 것?
- 마음에 새기고 싶은 것?
- 더 배우고 싶은 것?
- 실천하고 싶은 것?
- 자신에게 의미 있는 것?
③ 모둠 내에서 공유한다. 친구의 이야기를 들으며 새로운 배움과 성찰의 기회를 얻을 수 있다.

배움일지를 쓴 후 모둠 내에서 돌아가며 말하게 하면 '안 할 수 없는 구조'가 되어 학생들이 자연스럽게 참여한다. 모둠 관계가 아직 형성되지 않아 서로 공유하기를 꺼리는 경우에는 강제로 발표하게 하지 않고 기다려 주면서 조금씩 익숙해지면 공유하게 해도 된다. 때로는 수업 진도 나가는 것에 쫓겨 배움일지를 공유할 시간을 내기가 힘들 때도 있다. 그럴 때는 개인 활동으로 그쳐도 되지만, 공유할 때 또 다른 배움이 일어나므로 적절히 섞어서 운용하는 것이 좋다.

복습

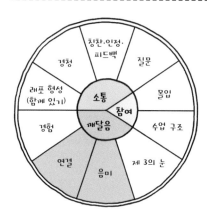

유의점

• 수업의 구조 속으로 넣어 지속적으로 운영하는 것이 중요하다.
• 학습자와 환경에 따라 다양한 방법으로 활용한다.
• 수업 안에서의 복습은 10분 이내로 한다.

에빙하우스의 망각곡선에 의하면, 학습한 내용을 오래 기억하기 위해서는 10분, 1일, 1주일, 1개월 후 각각의 복습이 필요하다고 하였다. 이것을 복습 구조로 만든다면 다음과 같다.

> 수업 마무리에서 복습 → 2차시 도입 부분에서 전시 학습 복습 → 수업 마무리에서 1, 2차시의 내용을 누적 복습 → 1주일 후 소단원 정리 복습

이런 구조로 학습한 정보는 언제든지 출력 가능하고, 다른 정보들과 융합하거나 연결될 수 있다.

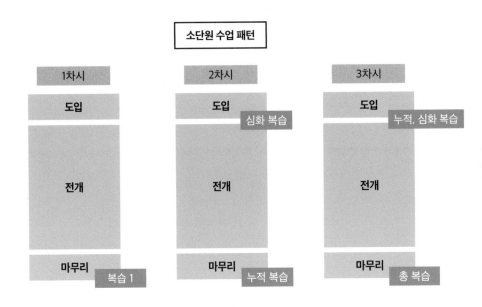

1. 후루룩 복습

학습한 내용을 짧은 시간에 떠올리게 하는 방법으로, 한 모둠에서 반 전체까지 구성하여 진행할 수 있다.

- 배운 내용을 개별적으로 1~2분 훑어본다.
- 선정된 모둠의 학생들이 한 사람씩 순차적으로 빠르게 일어나며 앞사람과 다른 단어를 말하고 앉는다.
- 빠진 단어나 용어를 아이들에게 돌려 묻거나 교사가 직접 설명한다.

2. 다다익선

학습한 내용을 떠올리고 기록한 후 분류하는 방법이다.

- 개별적으로 쪽지에 4~5개 핵심 단어를 기록한다.
- 모둠별로 핵심 단어를 공유하고 비슷한 내용을 묶어 분류한다.
- 가장 많이 나온 단어 혹은 핵심 단어를 전체에서 공유한다.

3. 신호등 복습

전시 학습 복습은 물론 본시 수업 중 학생들이 어느 정도 내용을 이해했는지 개별적·전체적으로 진단할 수 있는 방법이다. 카드를 표현할 때는 자기 가슴이나 얼굴 앞에 오도록 하며, 질문이 끝나자마자 표현하도록 한다. 카드가 없을 경우는 수신호를 활용할 수 있다.

- 빨강, 파랑, 노란색의 카드를 학생 개인에게 준다.
- 교사나 학생이 배운 내용을 문장으로 말하면 참(파랑), 거짓(빨강), 모름(노랑)을 카드로 표현한다.
- 틀린 학생이 많은 내용의 경우 그 원인을 찾아 재학습한다.

4. 빙고 복습

학습한 내용을 게임 형식으로 떠올리는 방법이다.

- 배운 내용을 훑어보고 빙고판에 핵심 단어를 쓴다.
- 한 사람씩 단어를 말하고 한 줄이 완성되면 빙고를 외친다.
- 빙고를 외친 학생이 핵심 단어 중 하나를 친구에게 설명한다.

5. 질문 만들기 복습

핵심 단어를 이해하고 확인하는 데 유용하다. 다양한 질문과 답이 있음을 깨닫는 데 좋은 방법이다.

- A4 용지의 4×5 칸에 핵심 단어를 쓰게 한다.
- 단어가 쓰인 칸에 그 단어가 답이 되도록 질문을 만들어 쓴다.
- 짝이나 모둠에서 질문과 답이 어울리는지 서로 확인한다.

6. 서로 가르치며 배우기

학습 내용을 짝에게 가르치며 배우는 활동으로 자신이 직접 설명하면서 내용이 정리되고 구조화되는 효과가 있으며 배움에 대한 깨달음이 일어난다.

- 학습 내용 중에서 선택하여 가르칠 내용을 준비한다.
- 한 사람씩 번갈아 가르친다.
- 배운 내용 가운데 궁금한 것을 짝에게 질문한다.
- 짝에게 감사 표현으로 마무리한다.

7. 비유로 표현하기

배운 내용을 자신의 생각으로 내면화하는 방법으로, 다양한 관점을 서로 공유할 수 있다. 서로의 의견을 수용하는 분위기 조성이 중요하다.
- 여러 개의 단어를 칠판에 제시한다. 제시된 단어는 과일 종류, 교실에 있는 물품 종류 등 비슷한 범주이면 좋다.
- 핵심 단어와 제시된 단어를 연결하게 한다. 학생들이 혼란스럽지 않도록 문장을 제시한다.
- 모둠에서 서로 발표하며 공유한다.

정치는 _____(이)다.
_____은(는) _____하다(한다).
정치 역시 _____하기 때문이다.

정치는 라면이다.
라면은 물의 온도, 끓이는 시간 등을 잘 살펴서 끓여야 한다.
정치 역시 구성원의 필요와 요구, 이해관계 등을 잘 살펴야 하기 때문이다.

수업 약속 정하기

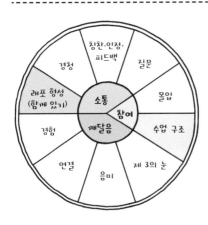

유의점

수업 약속은 수업에 방해나 장애가 안 되는 것이어야 함을 먼저 인지시킨다. 학생들이 정한 규칙을 무조건 수용하기보다 면밀히 살펴본 후, 지킬 수 없는 것은 양해를 구하고 수정하는 것도 가능하다. 학생들이 원한다고 무조건 선택했을 경우, 학생들에게도 악영향을 미칠 수 있기 때문이다.

'수업 약속 정하기'는 학기 초에 학생들과 같이 정하는 것이 좋다. 교사와 학생이 서로에게 바라는 바를 솔직하게 이야기하면서 서로를 좀 더 이해할 수 있기 때문이다.

수업 규칙은 다섯 가지를 넘지 않는 것이 실천하기에 좋은데, 간단하고 구체적이며 쉽게 할 수 있는 규칙을 학생들이 스스로 정할 수 있게 한다. 규칙이 정해지면 시간이 날 때마다 함께 읽으면서 자꾸 떠올릴 수 있게 하는 것이 좋다. 혹은 '안녕하세요.' 인사 뒤에 규칙을 학생과 교사가 하나씩 번갈아 외치면서 시작하는 것도 방법이다. 따라서 규칙은 긍정문으로 간결하게 정리하는 것이 효과적이다.

각 교과 수업에 대한 비전도 이런 방식으로 토의하면 좋다.

선생님/학생에게 바란다

'선생님에게 바란다'를 먼저 한 후 '학생에게 바란다'를 한다.

① 어떤 수업이 가장 기억에 남았는지 모둠별로 브레인스토밍을 한다.

② 가장 원하는 수업이 무엇인지 정한다.

③ 원하는 수업이 이루어지려면 선생님이 어떻게 해야 하는지 토의한다.

④ 모둠별로 토의한 후 한두 개의 의견을 발표하게 하고 칠판에 적는다.

⑤ 의견 중에서 학생들이 가장 원하는 것을 수업의 규칙으로 정한다.

⑥ 수업 규칙에 대해 교사의 다짐이 있은 후, 교사도 '학생에게 바란다'를 한두 가지 정도 제시하는 것이 좋다.

⑦ 학생들도 규칙을 잘 지키겠다는 다짐을 한다. 다짐의 형태를 책이나 공책의 맨 앞장에 남기는 것도 좋은 방법이다.

수업 목표 세우기

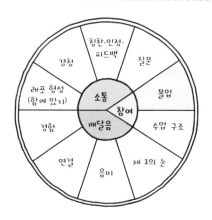

유의점

학생들의 수업 목표 세우기는 배움의 주체가 학생 자신임을 느끼게 하는 것이 중요하다. 따라서 목표는 긍정적으로 서술하게 하되, 부정적으로 서술해도 존중해 준다. 수업 목표 세우기가 어려운 학생을 위해 교사가 먼저 시범을 보여 주는 것도 좋다.

교사와 학생이 수업을 통해 이르고자 하는 것이 '수업 목표'이다. 특히, 학생 스스로 수업 목표를 세우는 활동은 코칭수업에서 매우 의미가 있다. 스스로 자신의 목표를 세운 후 수업 상황에서 배움의 과정마다 목표를 인지하고 점검하는 경험을 제공하기 때문이다. 교사는 학생이 학습 내용, 도달 수준, 학습 태도 등의 측면에서 학생이 각각의 목표를 스스로 세우고 수업의 마무리 단계에서 확인할 수 있도록 돕는다.

① 교사가 학습 주제를 제시하면서 학생들이 수업 시간에 도달할 수 있는 개인별 목표를 스스로 정할 수 있도록 안내한다.
② 여기서 교사가 학생들의 다양한 수준을 고려한 단계별 목표 과제를 준비하여 선택하게 할 수도 있다.

③ 개인별 수업 목표를 짝꿍과 나누게 하고 서로 돕게 할 수도 있다.

④ 추상적인 용어보다는 구체적인 용어(행동)로 진술하게 하고 계량화하면 좋다.

⑤ 학생들이 스스로 자신에게 알맞은 수업 목표를 설정한다는 것이 어떤 의미를 가지고 있는지 돌아보는 시간을 준다.

⑥ 교사가 학생들의 개인별 목표에 대한 피드백을 한다.

학생들에게 제시할 수 있는 수업 목표 세우기 사례

1. 나는 오늘 수업에서 (   )가지를 기억하겠다.

2. 나는 오늘 (   )을 집중해서 배우겠다.

3. 나는 오늘 수업에 (   )(태도, 다짐) 참여하겠다.

지식의 공백

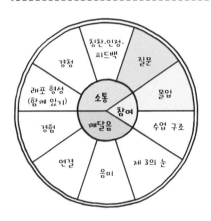

유의점

지식의 공백을 느끼기 위해서는 약간의 사전 지식이 필요하다. 아는 내용을 바탕으로 공백을 만들어야 학습 후 확장된 호기심을 가지게 된다. 따라서 학생들의 지식 수준을 고려하여 공백을 만드는 것이 중요하다.

"호기심은 지식의 공백을 느낄 때 발생한다."

지식의 공백 이론을 주장한 조지 뢰벤슈타인(George Loewenstein)은 무언가에 대해 알고 싶지만 알지 못할 때의 느낌은 손이 닿지 않는 등 한가운데가 근질거릴 때와 비슷하다고 말한다. 간지러운 것을 시원하게 긁고 말겠다는 욕구는 지식의 공백으로 호기심을 갖게 하고, 학생들이 공백을 반드시 정확하게 채우고 싶다는 고통과 같은 욕구를 불러일으킨다.

지식에 공백을 주어 학생들에게 호기심을 느끼게 하는 것은 몰입의 구조에서 매우 중요하다. 특히 수업의 도입 부분에서 궁금증을 유발하는 데 사용할 수 있다. 학생들의 배움에 대한 내적 동기와 연결된다면 자연스럽게 수업에 몰입하고 끝까지 참여하는 동력이 된다.

1. 빈칸 채우기

배울 내용 중 가장 중요한 단어를 빈칸으로 남기고 수업을 시작하여 수업에 끝까지 몰입하게 한다. 수업이 끝날 때쯤 학생들이 스스로 핵심 단어를 채울 수 있도록 한다.

> 토론은 (　　　　　　)이/가 아니라 (　　　　　　)이다.

2. 초성 힌트 주기

배울 내용 가운데 핵심 개념을 초성 힌트로 주고 수업을 진행하는 것도 호기심을 일으킬 수 있다.

> **8가지 설명 방법**
>
> ㅈㅇ, ㅇㅅ, ㄷㅈ, ㅂㄱ, ㅂㄹ, ㅂㅅ, ㅇㄱ, ㄱㅈ

3. 이야기나 이미지 완성하기

이야기나 이미지의 일부를 들려주고 나머지를 완성하게 한다. 나머지 내용을 추리할 수 있는 적절한 수준의 근거를 미리 제시하면 좋다.

질문

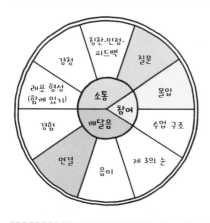

유의점

질문은 그때그때 생각나는 것을 묻는 것이 아니라 수업 구조를 고민할 때부터 생각하면 좋다. 또 수업 목표와 관련되도록 하고, 학생의 사고를 확장시키거나 학생이 배운 내용을 확인하고 성찰하는 질문을 만들면 좋다.

"언어는 질문하기 위해 만들어졌다."라는 에릭 호퍼의 말에서 알 수 있듯이, 언어를 가장 효과적으로 사용할 수 있는 방법 가운데 하나가 질문이다. 학생들이 타인의 말에 귀를 기울이고, 스스로 생각하고, 그들의 행동이 변하도록 촉매 역할을 하는 것 역시 질문이다. 따라서 교사는 사고를 자극하는 다양한 질문을 하여 학생들이 스스로 답을 찾도록 도와주어야 한다.

다음은 질문을 할 때 고려해야 할 내용들이다.

• 호기심을 가지고 학생을 만나라.
• 답은 이미 학생 안에 있다는 것을 기억하라.
• 학생이 스스로 질문할 수 있게 시간을 주어라.
• 육하원칙을 활용하라.

- 누구나 답을 할 수 있는 쉬운 질문, 열린 질문부터 시작하라.
- 수업 내용에 적절한 질문 패턴을 고민하라.

　예) 시 ─ 시의 화자는 누구인가?

　　　　 ─ 시에서 느낄 수 있는 정서는 무엇인가?

　　　　 ─ 화자는 어떤 처지에 있는가?

1. 육면체 질문법

- 본질적 질문 – 시는 왜 배워야 하나요?
- 구체적 질문 – 시의 화자를 파악하기 위해서는 무엇을 찾아야 하나요?
- 쉬운 질문 – 이 시에 '나'라는 단어가 있나요?
- 호기심 질문 – 이 시의 화자는 어떻게 되었을까요? 어떤 경험을 했을까요?
- 연결 질문 – 이 시의 내용과 비슷한 경험을 말해 볼까요?
- 성찰 질문 – 이 작품을 통해 무엇을 깨달았나요?

2. 질문 스펙트럼

질문 스펙트럼은 질문의 층위를 보여 주기 위한 것으로, 켄 윌버의 《의식의 스펙트럼》에서 차용하여 만든 단어이다. 다음 표에서 위쪽에 제시한 질문들은 오른쪽으로 갈수록 의식 수준이 확장된다는 것을 보여 주지만, 그 아래쪽에 있는 질문들은 의식 수준과는 별개로 위쪽의 질문들과 상대되는 질문이거나 관련이 있는 질문이다. 코칭 교사는 특정한 상황에서 특정한 목적을 가지고 상대방의 의식 수준에 맞추어 비추질 질문[39]부터 성찰 질문까지 다양한 질문을 자유롭게 사용할 수 있다.

---

39 상대방을 비하하려는 의도가 아니라 잘못을 일깨우거나 단호하게 표현하려는 의도로 비·추·질 질문을 사용한다면 교육적으로 활용할 수도 있다.

①비·추·질	②부정	③유도	④닫힌	⑤선택	⑥심층	⑦성찰
↕	↕	↕	↕	+	+	↕
인정	긍정	중립	열린	확인, 요약, 재확인	호기심	즉답

비난	너는 숙제를 발로 했니?
추궁	너 숙제도 안 하고 일주일 동안 도대체 뭐 했는데?
질책, 책망	너 학생 맞아? 이게 학생이 할 짓이야?
부정	다음엔 조금만 일찍 오면 안 될까?
유도	수업에 일찍 오려면 몇 시에 출발해야 되겠어?
닫힌, 폐쇄	지난 시간에 몰입 구조와 패턴까지 배웠죠?
선택	몰입 구조와 패턴 적용하기가 쉬워요, 어려워요?
심층	특히 어떤 부분들이 어려웠어요?
성찰	오늘 수업 내용 중에 중요하게 느껴진 것이 뭔가요?
성찰	'질문하는 교사'가 되는 것은 선생님이 정말 원하는 일인가요?
인정	어려운 상황 속에서도 포기하지 않고 여기까지 잘 왔지요?
긍정	오늘 수업을 더 즐기고 잘 배우는 데 도움이 되는 방법이 있을까요?
중립, 열린	너는 어떤 인생을 살고 싶니?
열린	수업을 즐기면서 잘 배우려면 어떻게 하면 좋을까요?
확인	지금까지 공부한 내용이 이해가 되나요?
요약	자, 오늘 여러분은 무엇을 배웠나요?
재확인	나의 질문은 나의 무엇을 반영한다고요?
열린, 호기심	이것을 어떻게 활용해 볼 수 있을까요?
호기심	세상에서 가장 똑똑한 민족이 어느 민족일까요?
즉답	질문 게임을 직접 해 보니 어떠세요?

클리어링

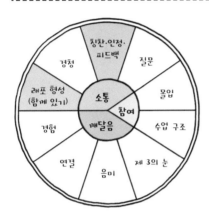

유의점

클리어링은 2~3분이 적절하며, 5분을 넘지 않도록 한다. 클리어링은 교사가 학생의 감정을 들여다보고 있음을 학생이 느끼게 하는 것이 가장 중요하다. 그리고 학생뿐만 아니라 교사 자신의 클리어링도 필요하다.

교사나 학생의 학습에 대한 긍정적 관점은 학습의 효과를 높여 준다. 따라서 학습을 시작할 때 학습자의 부정적 정서를 털어 내는 것이 중요하다. 클리어링은 수업을 부정적으로 시작하지 않고 최소한 중립 지점에서 시작할 수 있도록 환경과 마음을 정화하는 것이다.

클리어링은 다음과 같은 여러 측면을 고려해야 한다.

• 환경적 측면 – 온도, 조명, 소음, 자리 배치, 환기 등
• 신체적 측면 – 질병, 졸음 등
• 정서적 측면 – '부정 → 중립 → 긍정'으로 옮기기
• 인지적 측면 – 선행 지식 확인 등을 살펴보기

클리어링의 방법으로는 '몸을 풀어 주는 간단한 체조하기', '좋은 시나 그림, 음악으로 시작하기', '이모티콘, 동작, 단어로 감정 표현하고 공감하기', '부정적인 감정을 택배 상자에 보내기 혹은 상상하기' 등이 있다.

1. 학생

클리어링 요소를 살피고 공감하기

- 학생들의 모습을 잠시 지켜보며 교사가 기다리고 있음을 보여 준다. 학생들이 알아채느냐의 유무는 중요하지 않다.
- 환경, 신체, 정서, 인지적 측면에서 클리어링을 해야 할 요소가 있는지 살펴본다.
- 학습자의 상황을 알아채거나 묻고 공감한다. 혹은 한 분단이나 줄을 정해 감정을 표현하게 한다.
- 한두 명 정도의 학생에게 부정적인 감정의 이유를 어떻게 해결할 수 있는지 묻는다. 가능한 선에서 최대한 수용하고 해결한다. 학생들은 실제 문제가 해결되었느냐 보다 교사가 관심을 갖고 자신들의 요구나 욕구를 들어 준다는 점에서 정서가 긍정적으로 변한다.
- 수업을 시작해도 되는지 묻는다.

부정적인 감정을 택배 상자에 넣어 보내기

- 택배 상자를 마련한다. 교과 교실이라면 상시 비치하고 수업 전에 학생들이 스스로 적어 넣으며 좋지 않은 감정을 털어 낼 수 있게 한다.
- 부정적인 감정을 쪽지에 적어 넣는다.
- 택배 상자를 교실 뒤편으로 보낸다. 혹은 돌아올 수 없는 아주 먼 우주로

보내는 상상을 한다.

2. 교사

- 평소 자신이 좋아하거나 힘이 되는 문구를 책상에 붙여 두고 수업 들어가기 전에 읽기
- 수업에 들어가기 몇 분 전에 업무를 멈추고 수업으로 사고 전환하기
- 신체적인 불편함을 해소하기(화장실 가기 등)
- 평소 불편했던 반에 들어가기 전에 명상하기
- 교실에 들어가기 전에 문에서 학생들의 상태를 살피고 기다려 주기
- 자신의 상태가 좋지 않을 경우 학생들에게 미리 양해 구하기

피드백

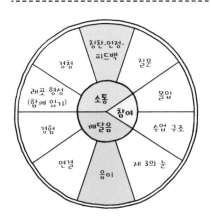

유의점

피드백은 훈계, 질타, 복종, 지시와는 다르다. 피드백의 목적은 상대방의 성장과 발전에 있기 때문이다. 코칭수업에서는 무의미한 피드백이나 학생에게 마음의 상처를 남길 수 있는 학대적 피드백은 지양한다.[40]

일반적으로 피드백은 어떤 행위의 결과가 최초의 목적이나 목표에 부합되는 것인가를 확인하고, 그 정보를 행위의 원천이 되는 것에 되돌려 보내어 적절한 상태가 되도록 수정을 가하는 일을 뜻한다. 그러나 코칭수업에서는 수업 상황에서 교사가 학생에게, 학생이 학생에게, 교사나 학생이 스스로에게 보이는 모든 반응을 피드백으로 본다.

교사의 피드백은 학생의 배움과 깨달음을 촉진하는 역할을 한다. 따라서 교사는 교사와 학생 사이의 이해와 신뢰 관계가 형성된 학습 환경을 만들어야

---

40 막연하게 '잘했어', '좋아', '계속 그렇게 해'와 같이 어떤 행동이나 말에 대해 일반적이고 미미한 반응을 보이는 것이 무의미한 피드백이다. 학대적 피드백은 모멸감을 느끼게 하는 반응으로 비난하며 잘못된 것을 꼬치꼬치 지적하는 것이다.

한다. 그리고 학생의 성장을 바라는 진심 어린 마음으로 피드백을 하는 것이 중요하다.

1. 교사가 학생에게

- 학습지 검사를 하면서 우수한 점, 발전한 점을 기록하여 되돌려 준다.
- 오개념이 나타난 문장이나 그림에 질문을 하여 학생이 스스로 생각해 보게 한다.
- 수업 시간에 활동 결과물을 공유하거나 복도에 전시한다.
- 토론 수업에서 학생들의 비판적 질문, 논리적 사고력, 명료한 표현력, 경청하는 자세 등을 구체적으로 칭찬한다.
- 학생들의 질문이나 발언에 미소나 따뜻한 눈빛을 보낸다.
- 학생들의 질문을 존중하고 질문이 생긴 이유를 다시 질문한다.
- 학생의 학습 활동 가운데 우수한 사항을 생활기록부 교과 특기사항에 기록한다.

2. 학생이 학생에게

- 친구의 결과물을 평가 기준에 비추어, 배우고 싶은 점과 보완할 점 등을 써서 돌려준다.
- 짝에게 가르치기 수업 후, 들은 학생은 짝의 논리적 표현력에 대해, 가르친 학생은 짝의 경청 자세 등에 대해 느끼고 생각한 바를 말한다.
- 활동 결과물을 전시한 후 학생들에게 두세 개 정도의 스티커를 주어 결과물에 스티커를 붙이게 한다.
- 모둠별 문제 해결 프로젝트 수업에서 다른 모둠원의 기여 방법을 기록한 후 표현한다.

3. 학생이 스스로에게

- 수업 목표에 도달했는지를 ○, △, × 등으로 표현한다.
- 배움일지에서 '가장 재미있는 것, 실천하고 싶은 것, 더 알고 싶은 것' 등을 나누어 기록한다.
- 학습 활동을 하며 배움에 성장이 일어나도록 스스로 메모하고 기록한다.

4. 교사의 피드백

지지적 피드백 - 학생의 긍정적 행동이 계속되기를 바랄 때

- 학생의 행동 가운데 계속되기를 바라는 구체적인 행동을 말한다.
- 그 행동의 긍정적 결과와 교사의 느낌과 이유를 말한다.

교정적 피드백 - 여러 번의 지지적 피드백을 한 후에도 학생의 행동 변화가 없을 때

- 지지적 피드백을 한다.
- 유도 질문을 하면서 개선이 필요하다고 말한다.
- 적절한 규율을 제시하고 한계선을 말한다.
- 이때 즉각적인 행동의 변화를 원할 때는 최후통첩 피드백[41]을 쓸 수 있다.

교사가 학생에게 적절한 피드백을 주면 학생들은 자신들이 해야 할 일을 더 잘할 수 있다. 반대로 피드백을 주어야 하는 상황에서 교사가 회피해 버리거나 학생들에게 적절한 피드백을 주지 않으면 학생들은 자신이 무시당했다고 느낀다. 그러므로 교사는 피드백을 잘 이해해야 하고, 학생에게 적절하게 피드백을 줄 수 있도록 연습해야 한다. 어떻게 하면 적절한 피드백을 줄 수 있을까? 다음의 내용을 확인해 보자.

---

41 ① 특정 행동을 설명하고 그 행동의 결과를 말한다. ② 그 행동에 대한 교사의 느낌과 이유를 설명한다. ③ 현재 무엇을 변화시켰으면 하는지 말한다.

배움, 익힘, 깨달음을 위한 피드백 Tip 8

① 경청한다. 상대방의 의견을 잘 듣는다. 비언어적 요소와 그 안의 욕구까지 들으면 더욱 좋다. 경청은 명확한 피드백의 바탕이 되기 때문이다.

② 노력을 인정한다. 학습 과정에서 노력에 대한 인정은 학습자의 자존감을 향상시킨다. 왜냐하면 존재에 대한 인정을 받았기 때문이다. 자존감의 향상은 자기 주도 학습력, 문제 해결력, 협업력까지 향상시켜 교실 속 배움의 온도를 상승시킨다.

③ 오류나 오개념을 스스로 찾도록 안내한다. 질문을 통해 학생 스스로 교정적 피드백을 할 수 있게 한다.

④ 적시에 피드백 한다. 피드백은 가능한 한 신속하게 해야 한다. 학습 상황에서 피드백이 바로 이루어질 때 교정적 피드백이 가능하고 오개념 형성을 예방할 수 있기 때문이다. 하지만 태도에 대해서 피드백 할 때는 여러 가지 상황을 고려하여 즉각 할 것인지 나중에 할 것인지 판단해야 한다. 감정의 수위가 높을 때는 상대방의 반응을 수용하기 어렵기 때문이다. 따라서 다른 사람들 앞에서는 교정적 피드백을 하지 않는다.

⑤ 피드백의 기준을 제시한다. 학생들끼리 피드백을 할 경우, '잘한다', '우수하다' 등 애매하고 무의미한 피드백을 하여 서로의 성장에 큰 도움이 안 되는 경우가 있다. 따라서 지식, 역량, 학습 태도, 모둠이나 학급 전체 수업에 대한 기여도 등에 초점화할 수 있도록 피드백의 기준을 제시해 준다.

⑥ 학생들의 성격, 지난 일, 태도, 지위와 역할에 대해 말하기보다는 눈에 보이는 특정 행동, 기술 내용에 대해 말하는 태도를 갖는다.

⑦ 피드백의 소외자가 없도록 한다. '모든 학생들은 다양하다. 또한 성장한다.' 라는 것을 생각하며 협력자인 교사는 학생이 성장할 수 있도록 모두에게 두루두루 피드백을 할 수 있도록 부단히 노력해야 한다. 피드백은 선택하는 것이 아니라 의무이다.

⑧ 지지적 피드백과 교정적 피드백의 비율을 맞춘다. 지지적 피드백과 교정적 피드백의 비율을 4 : 1 정도로 하여 학생들이 성장할 수 있도록 돕는다.

학습자 유형 파악하기

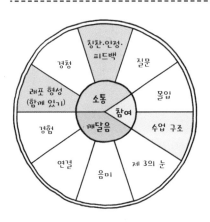

유의점

학생을 진단하는 도구는 다양하기에 진단에 따른 위험도 존재한다. 따라서 학생들을 진단할 때 가장 중요한 태도는 신중함이다. 학생은 다양한 존재이고, 하나밖에 없는 존재임을 기억해야 한다. 학생들이 스스로를 규정짓지 않도록, 진단 도구는 학생들의 유형을 파악하기 위한 하나의 힌트에 불과하다는 것을 사전에 충분히 설명한다.

수업이 원활하게 흘러가기 위해서는 학생들에 대한 이해가 필요하다. 아는 만큼 사랑하게 된다고 했으니, 학생들을 얼마만큼 알고 이해하는지가 왜 중요한지 두말할 필요가 없다.

학습자 유형의 파악은 모둠 구성이나 학급의 학습 분위기를 파악할 때 효과적이다. 그리고 학생에 대한 이해의 실마리를 제공하여 교사와 학생 간의 관계맺음이 좀 더 원활해질 수 있다.

학습자 유형을 파악하는 방법은 다양하다. 여기서는 보편적으로 적용할 수 있는 오행 학습 유형을 소개한다.

오행 학습 유형[42]

오행 학습 유형은 학습자의 유형을 동양의학의 오행(목, 화, 토, 금, 수)에 기반을 두고 나누는 것으로, 학습자의 성격이나 타고난 행동 특성을 고려한 학습지도가 더 효과적이라고 보는 관점이다.

① 진단지를 읽고 자신에게 해당하는 숫자를 빈칸에 적는다. ('1'은 매우 그렇지 않다, '5'는 매우 그렇다.)
② 학생들은 대체로 '3'이라는 중간의 점수를 택하는 경향이 있다. 따라서 시작하기 전에 자신의 마음이 어느 쪽으로 조금이라도 쏠리는지 느끼면서 적어 보라고 하면 조금 더 자신을 드러내게 된다.
③ 표시한 점수의 합계를 '목, 화, 토, 금, 수' 항목마다 적는다.
④ 자신의 유형을 파악한다. 점수가 가장 높은 것이 1유형. 1유형이 두 개 이상 나와도 괜찮다. 점수가 가장 낮은 유형도 적도록 한다.
⑤ 이 결과를 바탕으로 강점을 살리고 약점을 어떻게 보완해 갈 것인지, 어떤 유형과 같이 공부하는 것이 도움이 되는지 등에 대해서 이야기를 나눈다.
⑥ 오행 학습 유형별 특징은 일반적으로 다음과 같다.

유형	특성	학습 스타일	길라잡이
목	• 봄의 특성을 지님 • 호기심과 아이디어가 많은 반면 산만하기 쉬움 • 순발력, 적응력, 모험심이 강함 • 좌절에 약함	• 초기 학습 속도가 빠름. • 표현력 풍부 • 질문이 많음 • 쉬운 문제를 더 잘 틀리는 경향	• 단기 계획 세우기 • 기억보다는 기록하기 • 일관성 있는 상벌 주기
화	• 초여름의 특성을 지님 • 자신감이 충만하고 승부근성이 있으나 자기주장을 강하게 내세움 • 열정과 집중력이 있음	• 등수나 결과 중심으로 공부하는 경향 • 과목에 대해 편애하는 경향이 있음	• 경쟁심을 줄이고 과정 즐기기 • 따뜻한 리더십 기르기

토	• 한여름의 특성을 지님. • 꾸준히 지속하고 인내심이 강하여 믿음을 주나 소극적이고 우유부단한 경향이 있음 • 양보심이 있으나 자존감이 낮은 편임	• 새로운 시작이 힘듦 • 양보다는 질적인 공부 • 갈수록 성적 향상 • 역동적인 것을 싫어하는 경향	• 눈높이를 맞춰 'I can do it' 길러 주기 • 지속적인 격려로 잠재력 키우기
금	• 가을의 특성을 지님 • 체계적인 자기 관리와 깔끔한 일처리가 돋보이나 실패에 약해 내적 스트레스가 심하기도 함 • 현실적 스타일로 깍쟁이 같은 인상을 주기도 함	• 정리정돈을 잘하고 꼼꼼하게 공부하는 모범생 • 공동 작업 시 분명한 경계를 지음 • 실패 과목을 회피하는 경향	• 실패를 통한 성공 경험 쌓기 • 창의력 키우기 • 심리적 압박 해소하기
수	• 겨울의 특성을 지님. • 강한 신념과 자기 원칙에 충실하여 어른스러운 경향이 있으나 고집이 세고 융통성이 결여되기도 함 • 차분한 성격	• 혼자 공부하는 스타일로 기본 성적이 우수함 • 핵심, 원리 분석이 탁월하고 의미 위주의 공부를 좋아함 • 암기를 기피하는 경향	• 바른 가치관 확립하기 • 경청 훈련하기 • 동기 부여하기

42 이원범·유현실 외,《공부가 쉬워지는 오행학습법》, 김영사, 2002

오행 학습 유형 진단 체크리스트

다음을 읽고 자신에게 해당하는 점수를 색이 칠해진 칸에 쓰세요.

1: 매우 그렇지 않다   2: 그렇지 않다   3: 보통이다   4: 그렇다   5: 매우 그렇다

번호	특성	점수				
1	남에게 지기 싫어하고 경쟁심이 강하다.					
2	남의 얘기를 듣지 않고 자기주장을 내세우는 일이 많다.					
3	다른 사람의 부탁을 잘 거절하지 못한다.					
4	매사에 냉철하며 비판을 잘한다.					
5	매우 순하다는 말을 자주 듣는다.					
6	모범생, 교과서 같다는 소리를 자주 듣는 편이다.					
7	일을 시키면 신속하게 마무리를 짓는다.					
8	어떤 일을 할 때 명분과 의미를 매우 중요하게 생각한다.					
9	어떤 일을 시작할 때 상당히 미적거린다.					
10	일을 벌이기를 좋아하고 마무리 짓지 못할 때가 많다.					
11	새로운 것에 금방 재미를 느끼지만 싫증도 빨리 낸다.					
12	성격이 급하여 초조해할 때가 많다.					
13	수업 시간에 자발적으로 손을 들어 발표하는 일은 드물지만 일단 하게 되면 잘한다.					
14	싫고 좋다는 표현이 분명하다.					
15	엉뚱한 생각을 잘하며 아이디어가 많은 편이다.					
16	원치 않는 상황에도 잘 적응하는 편이다.					
17	내 일은 내가 알아서 꼼꼼히 챙기는 편이다.					
18	나의 주관과 수준에 맞지 않는 친구는 별로 배려하지 않는 경향이 있다.					
19	내가 충분히 자신 있는 일은 잘 해내지만, 능력이 안 되는 것까지는 욕심내지 않는다.					
20	나와 관계없는 일이라면 남의 일에 관심을 두지 않는다.					
21	오락적인 모임이나 잡기(雜技)에는 관심이 없다.					
22	처음 만난 사람과도 금방 친해진다.					
23	학원, 과외보다는 혼자 알아서 공부하는 편이다.					
24	매사에 느긋하고 행동이 느린 편이다.					
25	호기심이 많고 새로운 것을 좋아한다.					
26	어떤 일에 대해 판단이나 결정이 빠른 편이다.					
27	모임에서 '짱(長)'을 맡는 일이 많다.					
28	의견을 먼저 내놓는 경우가 드물고 말도 느린 편이다.					
29	내 사생활을 친구에게도 잘 털어놓지 않는 편이다.					
30	평소엔 말수가 적지만, 필요한 경우엔 내 의견을 분명하게 전달하는 편이다.					

결과

			목	화	토	금	수
제 1유형		제 2유형		특히 낮은 유형			

에필로그

"이 책의 독자는 누구일까?"

"아마도 지금의 우리 혹은 몇 년 전 우리가 처음 만났을 때의 모습과 꽤 닮지 않았을까?"

코칭수업연구회에서 함께 공부한 내용으로 책을 써 보자는 제안을 하여 모인 날 이런 이야기를 나누었습니다.

코칭수업연구회는 코칭 철학을 기반으로 수업을 고민하고, 배운 것을 적용하며, 경험을 나누는 교사 모임입니다. 이 모임을 시작할 즈음 우리의 평균적인 모습은 경력 10년 전후의, 아이가 하나 혹은 둘 있는 엄마 교사였습니다. 물론 골드미스와 왕언니도 있었지요. 지금은 그때보다 경력이 조금 더 쌓였고 여전히 우리나라 학생들이 가장 바라는 직업인 공무원 신분이고, 사회적으로 인기가 많다는 이른바 '교사 부인, 교사 며느리'입니다.

우리는 퇴근과 동시에 집으로 두 번째 출근을 합니다. 대부분의 교사 부인은 퇴근이 빠르기 때문에 집안일을 도맡아야 합니다. 또 교사 며느리는 교사니까 아이들의 교육도 책임지고 잘해야 하지요. 방학 때 연수라도 하나 들으려고 하면, 방학인데 왜 나가냐는 질문을 받게 되고 아이 맡기는 문제로 눈치를 봐야 합니다. 자식의 부족한 면을 보게 되면 직장 다니는 엄마의 빈자리 때문인가 싶어 속이 타고 눈물도 납니다.

학교는 어떤가요? 다른 직장 경력 10년이면 과장이나 차장급 정도 되겠지요? 학교에 그런 직함은 없지만 10년차 교사에게 교과 지도나 생활 지도 등 모든 업무에 능숙하기를 기대합니다. 10년이나 똑같은 일을 했으니 당연한 것 아니냐고요? 놀랍게도 학교의 현실은 통념과 많이 다릅니다. 늘 똑같을 것 같은 학교생활은 실제로는 하루하루가 다르고, 1년 2년이 다르게 빠르게 변하고 있습니다. 가장 많이 바뀌는 것은 아마도 우리 학생들일 겁니다. 교사는 변하는 학교 문화와 학생들에게 적응하고 한 발 빠르게 대처해야 합니다. 육아 휴직이라도 1년 하고 온 교사들은 몸과 마음이 따로 놀 정도로 당황스럽다고 합니다. 어떤 때는 10년차라는 경력이 무색하게 후배 교사들에게 부끄러운 마음도 들지요.

이렇게 가정과 학교의 기대와 요구 속에서 우리는 어떤 모습으로 살아왔을까요? 안타깝게도 양쪽 일을 제대로 하지 못하는 답답한 상황에 놓이게 되죠. 그리고 그런 삶에 지쳐 갈, 딱 그때쯤 교사로서의 권태기가 오는 것 같더군요. 사명감에 불탔던 초임 시절과 달리 '내가 왜 이러고 있나' 하는 회의가 들기 시작하고, 명예퇴직을 희망하는 선배 교사들을 보며 나도 정년까지 채우지 못할 것 같은 생각이 들고요.

그랬던 우리가 최근 몇 년 동안 다행히 첫 번째 고비를 잘 넘어가고 있습니다. 바로 수업을 함께 나누는 선생님들과의 만남 덕분이지요. 학교가 직장인지 집이 직장인지 구분이 안 될 정도로 육아에 매여 살던 때, 교사로서의 정체성을 다시 한 번 고민하게 도와주신 선배 교사와의 만남. 그리고 비슷한 수업 고민, 인생 고민을 나눌 수 있는 동료 교사들과의 만남. 그것은 저희가 가정과 학교 일에 균형을 잡을 수 있는 버팀목이 되어 주었지요. 우리는 교사로서의 목마름과 간절함을 호소하며 가족들에게 양해를 구하고 마침내 우리만의 학습 공동체 시간을 만들어 낼 수 있었습니다.

그 소중한 시간을 통해 우리는 학교에서 만나는 아이들에게 무엇이 필요한지 이야기를 나누고 함께 공부하고 적용하는 일을 지속했습니다. 상담, 비폭력 대화, 토론, 논술, 마인드맵 등 다양한 주제를 공부했고, 드디어 2011년 코칭수업을 만나게 되었습니다. '사람은 다양하고, 매일 조금씩 성장하며, 답은 자신 안에 있고, 성장에는 협력자가 필요하다'는 코칭수업의 철학은 수업과 학생들에 대해 고민해 온 우리의 마음과 딱 들어맞았어요. 더 좋았던 것은 코칭수업을 배우고 나누면서 실은 우리도 아이들만큼이나 배움의 기쁨과 성장의 즐거움을 느꼈다는 거예요. 그러면서 우리는 아이들 앞에 교사로서 당당하게 설 수 있었고, 학교 문화에 끌려가는 대신 오히려 기여할 수 있는 사람으로 변해 갔습니다. 가정에서는 어땠을까요? 공부하는 엄마의 모습과 그로 인해 당당해진 직장인으로서의 엄마의 모습은 아이들과 집안 분위기에도 좋은 영향을 주었습니다. 공부 모임에 가느라 일주일에 한 번 비우게 되는 엄마의 자리는 아빠의 몫이 되었지만, 직장인으로서의 고충을 함께 나누며 남편과는 오히려 더 든든한 협력자 관계로 발전했습니다.

이 책을 읽는 독자들도 저희와 비슷한 고민을 하며 교사로서의 권태기를 겪고 있거나 극복할 방법을 찾고 계실지도 모르겠습니다. 아마도 저희처럼 이런저런 시도를 해 보며 자신만의 교육 철학과 방법을 고민하시겠지요. 이 책을 통해 비슷한 고민을 하며 걷는 사람들을 만나고 이야기를 나누며 마음의 짐을 더셨으면 좋겠습니다. 그리고 코칭수업의 철학에 공감하거나 생각을 보태며 함께 나눌 수 있기를 바랍니다. 저희가 코칭수업의 철학에 동의하는 순간 교실의 상황과 아이들이 이전과는 다르게 보였고, 교사로서 더 근본적인 고민을 하게 되었기 때문입니다.

많은 날을 함께 모여 교육과 수업에 대해 고민하고 이야기 나누며 완성한 글이지만 부족한 부분이 많을 줄 압니다. 이 책을 통해 더 많은 선생님과 코칭수업을 나누며 부족한 부분을 보완해 나가기를 바랍니다.

참고문헌

게리 콜린스, 《코칭 바이블》, IVP, 2012

고야나기 가즈히사, 《뇌력 트레이닝》, 교학사, 2005

김경란, 〈효과적인 영어 학습 암기 모델: Ebbinghaus의 망각주기 이론을 적용하여〉, 단국대 석사학위논문, 2010

김성호, 《생각의 경계》, 한권의책, 2014

댄 히스·칩 히스, 《스틱!》, 엘도라도, 2009

더글러스 스톤·쉴라 힌, 《하버드 피드백의 기술》, 21세기북스, 2015

도로시 리즈, 《질문의 7가지 힘》, 더난출판, 2013

래리 바커·키티 왓슨, 《마음을 사로잡는 경청의 힘》, 이아소, 2014

리처드 윌리엄스, 《피드백 이야기》, 토네이도, 2007

박준영, 〈John Dewey의 반성적 사고와 교육〉, 《교육사상연구》 23권 3호, 2009

박창규, 《임파워링 코칭》, 리더십코칭센터, 2013

박창규, 《임파워링하라》, 넌참예뻐, 2015

배리 코빈, 《10대를 몰입시키는 뇌기반 수업원리 10》, 한국뇌기반교육연구소, 2013

사이먼 사이넥, 《나는 왜 이 일을 하는가》, 타임비즈, 2013

서경혜, 〈반성과 실천: 교사의 전문성 개발에 대한 소고〉, 《교육과정연구》 23권 2호, 2005

이원범·유현실 외, 《공부가 쉬워지는 오행학습법》, 김영사, 2002

이혜정, 《서울대에서는 누가 A+를 받는가》, 다산에듀, 2014

제임스 E. 줄, 《뇌를 변화시키면 공부가 즐겁다》, 돋을새김, 2012

존 테일러 게토, 《바보 만들기》, 민들레, 2005

존 홀트, 《아이들은 어떻게 배우는가》, 아침이슬, 2007

황농문, 《몰입 - 인생을 바꾸는 자기혁명》, 알에이치코리아, 2007

힐베르트 마이어, 《좋은 수업이란 무엇인가》, 삼우반, 2011

EBS '아이의 사생활' 제작팀, 《아이의 사생활 1》, 지식플러스, 2016

코칭수업 이야기 참여하고 소통하고 더불어 성장하는 수업을 위하여

지은이 | 코칭수업연구회

1판 1쇄 발행일 2017년 2월 6일

발행인 | 김학원
경영인 | 이상용
편집주간 | 김민기 위원석 황서현
기획 | 문성환 박상경 임은선 최윤영 김보희 조은화 전두현 최인영 이혜인 이보람 정민애 이효온
디자인 | 김태형 유주현 구현석 박인규 한예슬
마케팅 | 이한주 김창규 이정인 함근아
저자·독자서비스 | 조다영 윤경희 이현주(humanist@humanistbooks.com)
스캔·출력 | 이희수 com.
용지 | 화인페이퍼
인쇄 | 청아문화사
제본 | 정성문화사

발행처 | (주)휴머니스트 출판그룹
출판등록 | 제313-2007-000007호(2007년 1월 5일)
주소 | (03991) 서울시 마포구 동교로23길 76(연남동)
전화 | 02-335-4422 팩스 | 02-334-3427
홈페이지 | www.humanistbooks.com

ⓒ 코칭수업연구회, 2017
ISBN 979-11-6080-010-4 03370

• 이 도서의 국립중앙도서관 출판예정도서목록(CIP)은 서지정보유통지원시스템 홈페이지(http://seoji.nl.go.kr)와 국가자료공동목록시스템(http://www.nl.go.kr/kolisnet)에서 이용하실 수 있습니다.(CIP제어번호 CIP2017001035)

만든 사람들

편집주간 | 황서현
기획 | 문성환(msh2001@humanistbooks.com)
일러스트 | 박정원 현상진
디자인 | 최우영

• 이 책은 저작권법에 따라 보호받는 저작물이므로 무단 전재와 무단 복제를 금합니다.
• 이 책의 전부 또는 일부를 이용하려면 반드시 저자와 (주)휴머니스트 출판그룹의 동의를 받아야 합니다.